DE QUEM É ESTA HISTÓRIA?

REBECCA SOLNIT

De quem é esta história?

Feminismos para os tempos atuais

Tradução
Isa Mara Lando

COMPANHIA DAS LETRAS

Copyright © 2019 by Rebecca Solnit

Grafia atualizada segundo o Acordo Ortográfico da Língua Portuguesa de 1990, que entrou em vigor no Brasil em 2009.

Título original
Whose Story Is This?: Old Conflicts, New Chapters

Capa
Tereza Bettinardi

Mapas
Cortesia do Serviço Geológico dos Estados Unidos.

Preparação
Luisa Tieppo

Revisão
Carmen T. S. Costa
Valquíria Della Pozza

Dados Internacionais de Catalogação na Publicação (CIP)
(Câmara Brasileira do Livro, SP, Brasil)

> Solnit, Rebecca
> De quem é esta história? : Feminismos para os tempos atuais.
> / Rebecca Solnit ; tradução Isa Mara Lando. — 1ª ed. — São Paulo :
> Companhia das Letras, 2020.
>
> Título original: Whose Story Is This? : Old Conflicts, New
> Chapters.
> ISBN 978-85-359-3356-7
>
> 1. 1. Ciências sociais 2. Feminismo 3. Feminismo – Aspectos
> políticos – Estados Unidos 4. Cultura política – Estados Unidos
> – História – Século 21 5. Sociologia I. Título.

20-36062   CDD-306.4209

Índice para catálogo sistemático:
1. Feminismo : Condições sociais : Sociologia   306.4209
Maria Alice Ferreira – Bibliotecária – CRB-8/7964

[2020]
Todos os direitos desta edição reservados à
EDITORA SCHWARCZ S.A.
Rua Bandeira Paulista, 702, cj. 32
04532-002 — São Paulo — SP
Telefone: (11) 3707-3500
www.companhiadasletras.com.br
www.blogdacompanhia.com.br
facebook.com/companhiadasletras
instagram.com/companhiadasletras
twitter.com/cialetras

Sumário

Introdução — Catedrais e despertadores 7

OS QUE GRITAM E AS QUE SÃO SILENCIADAS

De quem é esta história (e de quem é o país)?........... 21

Ninguém sabe..................................... 31

Eles acham que podem fazer bullying contra a verdade .. 43

O preconceito inconsciente é candidato à presidência.... 54

A exclusão dos eleitores começa em casa.............. 61

As mentiras se tornam leis 68

A notícia da queda dos homens foi muito exagerada..... 80

Prezada Christine Blasey Ford, seu depoimento
é um terremoto muito bem-vindo.................... 93

Que nunca mais cesse esse dilúvio de histórias de mulheres . 99

O problema do sexo é o capitalismo.................. 108

Sobre o trabalho das mulheres e o mito do
"monstro da arte"................................ 114

Toda a raiva.................................... 121

Se eu fosse homem............................... 133

ABERTURAS

Travessia   149

Cidade das mulheres   161

O herói é um grande desastre   167

Longa distância   181

Mudanças monumentais e o poder dos nomes   191

Carta aos jovens da Greve pelo Clima
de 15 de março de 2019   200

Agradecimentos   205

Permissões   209

Introdução

Catedrais e despertadores

Estamos construindo algo imenso juntos. Embora invisível e imaterial, é uma estrutura — uma estrutura onde residimos —, ou melhor, são muitas estruturas sobrepostas. Elas são montadas a partir de ideias, visões e valores que surgem de conversas, ensaios, editoriais, discussões, slogans, mensagens das redes sociais, livros, protestos, manifestações. São estruturas de raça, classe, gênero, sexualidade; dizem respeito à natureza, ao poder, ao clima, à interconexão entre todas as coisas; têm a ver com compaixão, generosidade, coletividade, comunhão; têm a ver com justiça, igualdade, possibilidade. Embora haja vozes individuais e pessoas que chegaram ali primeiro, são projetos coletivos que ganham importância não quando uma determinada pessoa diz alguma coisa, mas sim quando um milhão de pessoas integram esses projetos na maneira como veem e agem no mundo. Esse *nós* que habita essas estruturas cresce à medida que aquilo que antes era subversivo ou transgressivo vai se estabelecendo como normal, à medida que pessoas que estão fora desses muros certo dia acordam do lado de dentro e até esquecem que já estiveram fora, em outro lugar.

As consequências dessas transformações talvez sejam mais importantes onde são mais sutis. Elas refazem o mundo, sobretudo pelo acúmulo de pequenos gestos e afirmações, adotando novas visões daquilo que pode ser e deveria ser. O desconhecido se torna conhecido, os excluídos passam a ser incluídos, o que é estranho se torna comum. Podemos ver mudanças nas ideias sobre quais direitos importam, sobre o que é razoável e sobre quem deve decidir, se ficarmos bem atentos e reunirmos os indícios das transformações que acontecem por meio de um milhão de pequeninos passos até resultarem em uma sentença jurídica decisiva, ou em uma eleição, ou em alguma outra mudança que nos coloca numa situação onde nunca estivemos antes.

Tenho observando esse belo processo coletivo de mudança, que vem se desdobrando com especial intensidade nos últimos anos — gerado pelo trabalho em conjunto e individual de incontáveis pessoas, pela deslegitimação do passado e a esperança de um futuro melhor que estão na gênese dos movimentos Occupy Wall Street (2011), Idle No More (2012), Black Lives Matter (2013), #MeToo (2017) e os novos levantes e insurgências feministas, os movimentos dos imigrantes e das pessoas trans, o Green New Deal (2018) e o crescente poder e alcance do movimento pelo clima. Nos Estados Unidos vemos pessoas defendendo um sistema universal de saúde, a eliminação do Colégio Eleitoral, o fim da pena de morte e uma revolução energética que abandone os combustíveis fósseis; tudo isso passou das margens para o centro nos últimos anos. Uma nova clareza sobre a maneira como a injustiça funciona — desde os assassinatos cometidos por policiais até as intermináveis justificativas para os estupradores, além da culpabilização das vítimas — desnuda a mecânica dessa injustiça, tornando-a reconhecível quando ela reaparece, e o fato de ser reconhecível elimina os disfarces e as desculpas das velhas maneiras de ser.

Minha experiência intelectual formadora ocorreu no início dos anos 1990, ao observar as reações contra a comemoração dos quinhentos anos da chegada de Colombo às Américas e o aumento na visibilidade e audibilidade dos povos nativos americanos, que redefiniram radicalmente a história e as ideias deste hemisfério acerca da natureza e da cultura. Foi assim que eu aprendi que a cultura tem importância, que ela é a subestrutura das convicções que moldam a política, que as mudanças começam nas margens e nas sombras e vão crescendo rumo ao centro, que o centro é um lugar de chegada, raramente um lugar de verdadeira geração, e que até mesmo as histórias mais fundamentais podem ser mudadas. Mas agora percebo que aquilo que mais importa não são as margens, o lugar dos inícios, nem o centro, o lugar da chegada, mas sim a generalização.

Vivemos dentro das ideias. Algumas são abrigos, outras são observatórios, outras são prisões sem janelas. Estamos deixando algumas para trás e entrando em outras. Nos anos recentes isso vem sendo um processo colaborativo tão rápido e poderoso que quem estiver prestando bastante atenção consegue ver as portas se definindo, as torres se elevando, os espaços tomando forma, ali onde nossos pensamentos vão residir — e também conseguem ver outras estruturas irem ao chão. As opressões e exclusões tão aceitas que chegam a ser quase invisíveis começam a ficar visíveis, a caminho de se tornarem inaceitáveis, e outros costumes substituem os antigos. Os que observam atentamente conseguem ver a estrutura se expandir de tal maneira que alguns daqueles que a criticam, ridicularizam ou não a compreendem não vão nem sequer questionar, dentro de poucos anos, a vida que levam dentro dessas estruturas. Outros tentam impedir esses novos edifícios de se erigirem; conseguem mais resultados com a legislação do que com a imaginação. Isto é, pode-se impedir as mulheres de ter acesso ao aborto, mas não é tão fácil impedi-las de pensar que têm direito ao aborto.

É possível enxergar a mudança acontecendo, se observarmos com cuidado e acompanharmos tudo aquilo que existia, em oposição ao que existe hoje. É também isso que venho tentando fazer ao longo dos anos, neste livro e em outros: enxergar a mudança e compreender como ela funciona, compreender como e onde cada um de nós tem poder dentro dela. Reconhecer que vivemos em uma época de transformação, e que esse processo vai continuar para além do que conseguimos imaginar hoje. Tenho visto surgirem novos modos de dar nome à maneira como as mulheres são oprimidas e apagadas, tenho ouvido a afirmação insistente de que a opressão e o apagamento não serão mais aceitáveis ou invisíveis. Até mesmo coisas que me causaram um impacto mais direto ficaram mais evidentes através desse processo, realizado por muitas de nós juntas. Já vi muitas escritoras expressarem suas versões dos mesmos princípios gerais, já vi as ideias "pegarem", se espalharem, se incorporarem nas conversas sobre o que é e o que deveria ser; por vezes, eu mesma fui uma dessas escritoras. Ver isso tudo se desenrolar é emocionante, inspirador, grandioso.

Estamos numa época em que o poder das palavras para introduzir, justificar e explicar as ideias tem importância, e esse poder é tangível nas mudanças que vemos em ação. Esquecer é um problema; as palavras têm importância, também como um meio de nos ajudar a lembrar. Quando as catedrais que você constrói são invisíveis, feitas de perspectivas e ideias, você se esquece de que está dentro delas e de que as ideias que as formam foram, na verdade, *feitas*, construídas por pessoas que analisaram, argumentaram e modificaram nossos pressupostos. Elas são fruto de trabalho e esforço. Esquecer significa não reconhecer o poder desse processo e a fluidez dos significados e dos valores.

Recentemente fui a uma palestra de Gerard Baker. Ele é da nação indígena Mandan-Hidatsa, da reserva de Fort Berthold, na Dakota do Norte, e falou sobre seu trabalho nos parques nacionais para mudar a presença dos nativos nesses lugares — literalmente, como visitantes e funcionários, e também nas estruturas, nas placas, na linguagem e em outras representações. Imensamente alto, muitíssimo engraçado, brilhante contador de casos, ele nos relatou como foi subindo de zelador até chegar a superintendente de dois parques nacionais onde ele jamais trabalharia, como disse à sua família, o de Monte Rushmore e o Little Bighorn Battlefield (que até 1991 se chamava Custer* Battlefield National Monument). Em ambos os parques ele modificou o significado do lugar e a quem se dirigia. Em um deles recebeu ameaças de morte por fazer isso; há quem pretenda conservar as velhas versões pela violência.

Recordando o que ele disse, relembrando a minha própria reeducação no início dos anos 1990 sobre a presença dos nativos americanos nos Estados Unidos, contemplando as conversas que temos agora e também as que não temos, já tive vontade de gritar para algumas pessoas que encontro: "Se você se acha tão consciente é porque alguém o despertou, então agradeça a esses despertadores humanos". Hoje é fácil presumir que nossas opiniões sobre raça, gênero, orientação sexual e tudo o mais são sinais de uma virtude inerente, mas muitas ideias que circulam agora são

---

*O tenente-coronel George A. Custer lutou contra uma coalizão de povos indígenas na batalha de Little Bighorn. (N. T.)

presentes que chegaram há pouco, por meio do trabalho e do esforço de outras pessoas.

Lembrar que foram pessoas que tiveram essas ideias, assim como foram pessoas que fizeram os edifícios onde moramos e as estradas por onde viajamos, nos ajuda a pensar, em primeiro lugar, que a mudança é possível e, em segundo, que temos a sorte de viver na esteira dessas mudanças, em vez de afirmar nossa superioridade em relação aos que vieram antes das novas estruturas, e talvez até de reconhecer que não chegamos ainda a um estado de perfeita iluminação, pois há mais mudanças ainda por vir, mudanças que ainda não reconhecemos e que serão reveladas. Já aprendi tanta coisa. Tenho tanta coisa para aprender.

Há uma bela passagem escrita por Alicia Garza, cofundadora do movimento Black Lives Matter, logo após a eleição presidencial norte-americana de 2016:

> Este é um momento para todos nos lembrarmos de quem éramos quando demos o primeiro passo para entrar neste movimento — lembrar dos organizadores que foram pacientes conosco, que discordaram de nós mas continuaram conectados, que deram um sorriso de compreensão quando estávamos consumidos pela certeza absoluta de ter razão. Construir um movimento exige estender a mão para alcançar pessoas além daquelas que concordam com você. Eu me lembro de quem eu era antes de me entregar ao movimento. Alguém foi paciente comigo. Alguém viu que eu tinha algo com que contribuir. Alguém pegou na minha mão e não largou. Alguém trabalhou para aumentar o meu engajamento. Alguém me ensinou como ser responsável pelos meus atos. Alguém abriu meus olhos para as raízes dos problemas que enfrentamos. Alguém me incentivou a dar voz à minha visão de futuro. Alguém me treinou para trazer para o movimento outras pessoas que estão procurando um movimento.

Garza reconhece que cada um de nós teve uma educação e sugere que nada na nossa educação está encerrado. Em seu melhor e mais belo aspecto, é um processo criativo. Em seu pior aspecto, é um policiamento por parte dos que estão dentro contra aqueles que não estão. Por vezes estes não estão dentro porque ainda não encontraram a porta, ou porque ouvem julgamentos em vez de convites vindos da soleira desta porta. Mas as pessoas também esquecem que esse é um processo histórico, e não ideias que sempre estiveram evidentes, e que alguns tiveram mais acesso a essas ideias do que outros. Hoje venho notando que muita gente se esquece do imenso trabalho que já foi feito em relação às questões de raça, gênero, sexualidade, prisões, poder, e que isso é de fato *trabalho* — trabalho intelectual para rejeitar os pressupostos incorporados na linguagem, as forças que levantam alguns de nós e derrubam outros, para compreender e descrever o passado e o presente e propor novas possibilidades para o futuro.

"Amnésia" significa que as pessoas se esquecem da espantosa abrangência da mudança nas últimas décadas. Esquecem que a mudança é, em si mesma, algo cheio de esperança, prova de que pessoas consideradas marginalizadas ou sem nenhum poder — acadêmicos, ativistas, pessoas que falam pelos grupos oprimidos e de dentro desses grupos — mudaram o mundo. Por exemplo, uma consequência infeliz do relativo sucesso do movimento que acabou sendo chamado de #MeToo é imaginar que algo começou a partir daquele ponto. Isso ofusca o extraordinário feminismo dos cinco anos anteriores, incluindo o trabalho das ativistas contra o estupro nos campi universitários, as reações ao estupro coletivo seguido de morte de Jyoti Singh em Nova Delhi e o caso do abuso sexual em Steubenville.

Até mesmo a onda de reações públicas a essas atrocidades pode ofuscar que, como escrevi em um dos ensaios deste livro, se as histórias dessas mulheres puderam ser ouvidas e geraram consequências é graças ao que veio antes: o longo e lento trabalho do feminismo para mudar a consciência e alçar mulheres — assim como os homens que consideram as mulheres seres humanos dotados de direitos inalienáveis e da capacidade de dizer coisas que importam — a posições de poder. E a ascensão de novas gerações menos amarradas pelas velhas premissas e negações. Mudar quem conta a história e quem decide significa mudar de quem é esta história.

O divisor de águas chamado #MeToo, em outubro de 2017, não foi o fato de que pessoas falaram; foi o fato de que outras pessoas ouviram. Muitas haviam falado antes — as vítimas do médico da equipe norte-americana de ginástica, as vítimas do cantor R. Kelly —, em alguns casos, repetidas vezes, mas seu depoimento tinha sido ignorado ou descartado. Assim, o #MeToo não definiu o momento em que as mulheres começaram a ter voz, mas sim quando as pessoas começaram a ouvir — e mesmo assim continuaram a ser silenciadas, como vimos no caso de Christine Blasey Ford, que testemunhou contra Brett Kavanaugh, o juiz indicado à Suprema Corte. Assim como aconteceu com Gerard Baker, por mudar a história sobre a batalha de Little Bighorn, Blasey Ford recebeu ameaças de morte. Uma prova de quanto poder há nessas vozes e nessas histórias são as tentativas frenéticas de outras pessoas de sufocá-las.

O ensaio que dá título a esta antologia fala da luta das novas histórias para nascer — sua luta contra as forças que preferem silenciá-las ou gritar mais alto que nós, contra as pessoas que se esforçam para não escutar e não enxergar. Uma reação bastante comum ao #MeToo é lamentar o fato de que os homens agora se sentem menos à vontade nos seus locais de trabalho — algo que surge, em primeiro lugar, do hábito de valorizar mais o bem-estar masculino, colocando-o no centro das atenções. Da mesma forma, o avanço das pessoas não brancas é visto por alguns como uma perda para as pessoas brancas, ao ter de abrir espaço, competir em condições de igualdade ou apenas coexistir com a diferença. É questão de saber quem tem importância.

O próprio "conforto" muitas vezes é mencionado como se fosse um direito dos poderosos. Em junho de 2018, o programa *CBS This Morning* tuitou: "A Patrulha da Fronteira entrou em contato conosco dizendo que estão se sentindo 'muito desconfortáveis' com o uso da palavra 'gaiolas'. Disseram que a palavra não está equivocada e acrescentaram que, embora sejam gaiolas, as pessoas não estão sendo tratadas como animais". Assim, uma gaiola não deve ser chamada de gaiola porque o desconforto das pessoas que estão *dentro* das gaiolas é menos importante do que o desconforto dos que as puseram ali quando ouvem gaiolas sendo chamadas pelo seu verdadeiro nome. Da mesma forma, ultimamente os racistas vêm fazendo objeções a serem chamados de racistas, e pessoas com boas condições de moradia já disseram que se sentem perturbadas ao ver os desabrigados. "Nacionalista branco, supremacista branco, civilização ocidental — como foi que essas palavras se tornaram ofensivas?", disse Steve King, congressista republicano e supremacista branco. "Sentir-se confortável" muitas vezes é um eufemismo para o direito de estar alienado, o direito de não ter nenhum peso na consciência, nada que lembre o sofrimento alheio, o direito de ser "nós", um "nós" cujos benefícios não são limitados pelas necessidades e os direitos "deles", quaisquer que sejam "eles".

Em nome desse conforto, parte da população dos Estados Unidos e da Europa está caminhando para trás, tentando fixar residência nos destroços da supremacia branca e do patriarcado, talvez convencidos de que não existe nenhum abrigo que abrigue a todos nós, de que eles precisam estar em lugares onde a cor branca e o sexo masculino dominam, de que a escassez governa o mundo, e guardar tudo para si é uma estratégia necessária. Mencionei "despertadores", e venho chamando esse processo de despertar. São termos carregados de valor, mas se tornar mais consciente de outras pessoas que não são como você e dos sistemas que regulam a distribuição do poder, a credibilidade, a audibilidade e o valor é, justamente, despertar.

O oposto disso é cair no pesadelo que também é uma força tão poderosa nesta época, o pesadelo da supremacia branca e do patriarcado, e a desculpa da violência para defendê-los. A permissão concedida pelo ressurgimento da supremacia branca e da misoginia é a permissão para não sentir, não valorizar, não estender sua solidariedade aos outros — ou nem sequer ter consciência dos outros —, ser alienado, despreocupado, desinformado, desconectado. Podemos ver que isso muitas vezes é sentido como uma libertação eufórica da obrigação de ser "politicamente correto" — isto é, de tratar os outros como pessoas que têm valor e têm direitos, inclusive o direito de contar a sua versão da história. Chamo isso de pesadelo porque é como estar delirando em seus medos e suas fantasias de grandeza e na sua intenção de fazer décadas de mudanças se evaporarem, de enfiar as novas ideias de volta no esquecimento de onde elas surgiram e voltar para um passado que nunca existiu. E é um pesadelo porque transforma a verdade de algo a ser definido pelos processos comprobatórios da ciência, do jornalismo investigativo, ou através de outros meios empíricos em algo decidido pela ameaça e pela força. A verdade é qualquer coisa que eles queiram que ela seja, e, à medida que esses desejos mudam, a verdade se incha e cresce e esmorece e se agita ao vento. Fazer uma ameaça de morte contra alguém que conta uma história significa acreditar que quem tem força tem razão e pode até criar seus próprios fatos.

Apesar das reações hostis — ou porque são reações hostis —, eu continuo esperançosa quanto a esse projeto de construir novas catedrais para novos segmentos da sociedade. Porque é um projeto já bem adiantado. Porque o verdadeiro trabalho não é converter aqueles que nos odeiam, mas sim mudar o mundo de maneira que esses que odeiam não detenham um poder desproporcional e que outros não sejam engolidos pelo pesadelo. Porque a geração que está surgindo é melhor, de modo geral, e porque os fatores demográficos estão criando um novo país aqui nos Estados Unidos, no qual a população não branca será a maioria em 25 anos, porque o ritmo das reações hostis e da exclusão não consegue acompanhar o ritmo da diversidade, porque as nossas histórias são mais precisas quando se trata das origens da pobreza ou da realidade da mudança climática ou da igualdade das mulheres, porque as nossas histórias convidam mais gente para entrar, porque essas histórias nos convidam a sermos mais generosos, mais esperançosos, mais conectados, porque tanta coisa mudou em relação ao mundo pantanoso em que eu nasci, onde a superioridade masculina e a superioridade branca estavam longe de ser desafiadas, enquanto começava a nascer um novo código sobre o meio ambiente, a sexualidade, o poder, as conexões e o prazer.

OS QUE GRITAM E AS QUE SÃO SILENCIADAS

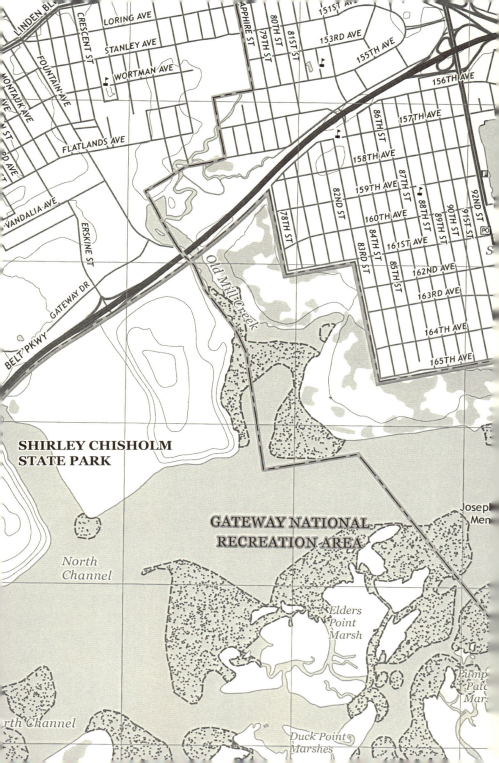

De quem é esta história (e de quem é o país)?

Sobre o mito da "verdadeira" América

O denominador comum de tantas narrativas culturais estranhas e perturbadoras que vêm chegando até nós é um conjunto de pressupostos sobre quem tem importância, sobre de quem é a história, sobre quem merece piedade, benesses, presunção de inocência, um tratamento cheio de dedos, o tapete vermelho, e, em última análise, o reino, o poder e a glória. Você já sabe de quem se trata. São as pessoas brancas em geral, os homens brancos em particular e especialmente os homens brancos heterossexuais protestantes — alguns dos quais parecem estar muito aborrecidos ao descobrir que vai ser necessário, como talvez já tenham ouvido de sua mãe, dividir. A história deste país foi escrita como sendo a história deles, e as notícias por vezes continuam relatando as coisas dessa maneira. Uma das batalhas do nosso tempo é saber sobre quem é a história, quem tem importância e quem toma as decisões.

É a essa população que somos constantemente solicitados a dar mais atenção, mas também a perdoar, mesmo quando eles nos odeiam ou procuram nos fazer mal. É para eles que todos nós devemos dirigir nossa empatia. Essas exortações estão por todo lugar. Em março de 2018 o programa *NewsHour*, da PBS, apresentou um teste elaborado por Charles Murray: "Você vive numa bolha?". As perguntas davam a entender que se você não conhece ninguém que toma cerveja barata, dirige caminhonete e trabalha em fábrica, você vive em uma bolha elitista. Algumas das perguntas eram: "Você já morou por pelo menos um ano em uma cidade americana com população menor que 50 mil pessoas, que não faz parte de uma área metropolitana e que não é onde você fez faculdade? Você já entrou em uma fábrica? Você já teve algum amigo próximo que seja cristão evangélico?".

O teste visava saber, no fundo, se você estava em contato com a América cristã branca, operária e de cidade pequena — como se as pessoas estivessem divididas em dois grupos: quem não é Joe, o Encanador, é Mauricio, o Elitista. Segundo essa lógica, nós deveríamos conhecê-los; eles não precisam nos conhecer. Menos de 20% dos americanos são evangélicos brancos, número apenas um pouco maior do que os Latinxs, e aqueles estão declinando tão vertiginosamente quanto estes estão aumentando. A maioria dos americanos é urbana. O teste passava a mensagem, mais uma vez, que os 80% de nós que moramos em áreas urbanas não somos a América; tratava as pessoas não protestantes e não brancas como não americanas; também tratava muitos tipos de trabalhadores mal remunerados (vendedores, atendentes, trabalhadores rurais) que não são operários industriais do sexo masculino como não americanos. Há mais americanos trabalhando em museus do que na indústria do carvão, mas os mineradores de carvão são vistos como indivíduos sagrados que merecem subsídios robustos e o sacrifício climático — já os funcionários de museus, bom, ninguém considera o emprego deles um bastião de nossa identidade nacional.

A PBS acrescentou uma pequena nota ao final do teste sobre a bolha: "A introdução foi editada para esclarecer a especialidade de Charles Murray, que é focada na cultura americana branca". Mas não mencionaram que ele é o autor do notório livro *The Bell Curve*, nem explicaram por que uma pessoa amplamente considerada racista foi bem-vinda ao programa. Talvez o verdadeiro problema seja que a América branca, cristã, de bairros de classe média, de cidades pequenas e zonas rurais inclua muitas pessoas que querem viver numa bolha e julgam que têm direito a isso, e que todos nós que não somos como eles somos considerados uma ameaça, intrusos que é preciso afastar, tirar da frente.

Afinal, houve uma marcha em Charlottesville, na Virgínia, em agosto de 2017, cheia de homens brancos empunhando tochas e gritando: "Vocês não vão tirar nosso lugar". Ou seja: "Sai fora da minha bolha, porra!" — uma bolha que é um estado de espírito e um apego sentimental a uma América de outrora, em grande parte fictícia. Mas não estão todos nessa América: por exemplo, os vizinhos de Syed Ahmed Jamal, em Lawrence, no Kansas, se reuniram para defendê-lo quando a ICE, a polícia migratória, prendeu e tentou deportar Jamal, professor de química e pai de família que vivia na região havia trinta anos. E nem todos são homens brancos: a perpetuação da narrativa centrada neles é algo aceito por muitas mulheres, demasiadas mulheres — e alguns homens admiráveis estão tentando quebrar esse padrão.

E as vozes mais maldosas e mesquinhas não são, necessariamente, de pessoas reais da zona rural, de cidades pequenas ou da classe operária. Numa reportagem sobre uma cidade da Pensilvânia chamada Hazelton, que vive em função do carvão, Tucker Carlson, abastado comentarista da Fox News, declarou recentemente que a imigração traz "mais mudanças do que os seres humanos foram projetados para digerir" — sendo que os seres humanos nesse cenário são os moradores brancos de

Hazelton que não são imigrantes, e talvez uma sugestão de que os imigrantes não são seres humanos, muito menos seres humanos que já digeriram muitas mudanças. Mais uma vez, uma narrativa americana de brancos de uma cidade pequena está sendo tratada como se dissesse respeito a todos nós, ou àqueles de nós que importam, como se a gentrificação dos bairros de imigrantes não fosse também uma história importante, como se o condado de Los Angeles e a cidade de Nova York, ambos com população maior que a maioria dos estados americanos, não fossem a América. Na cidade de Nova York, a população imigrante é maior que a população total do estado do Kansas (ou Nebraska, ou Idaho, ou Wyoming e Virginia Ocidental, onde esses mineiros de carvão moram). A população do condado de Los Angeles é maior que a de quase todos os estados americanos, exceto nove. Graças aos muitos problemas do nosso sistema eleitoral — supressão do direito ao voto, manipulação da divisão dos distritos eleitorais, distorção do impacto dos votos por meio do Colégio Eleitoral, distribuição de dois senadores para cada estado, seja qual for a população —, essas vozes já são bem ampliadas.

Logo após as eleições de 2016, nos disseram que precisávamos ser mais gentis com a classe operária branca, o que reafirmou a mensagem de que cor branca e classe operária são a mesma coisa e tornou invisível ou irrelevante a vasta classe operária não branca. Daí nos disseram que os eleitores de Trump eram o sal da terra e os autênticos sofredores, apesar de que as pessoas mais pobres em geral votaram na outra candidata. Disseram-nos que precisávamos compreender a escolha deles, de votar em um homem que ameaçava atacar quase todo mundo que não fosse um homem branco cristão cisgênero e heterossexual, porque os sentimentos deles prevalecem sobre a sobrevivência de todas as outras pessoas. "Algumas pessoas pensam que os que votaram em Trump são racistas, machistas, homofóbicos e deploráveis", disse Bernie Sanders, nos repreendendo — apesar de que alguns estudos e acontecimentos subsequentes mostraram que muitos eram, de fato, racistas, machistas e homofóbicos.

Uma das maneiras de sabermos de quem é a história já foi demonstrada: é perceber quem é perdoado por sentir ódio e agredir, literal e fisicamente. No início de 2018, a revista *The Atlantic* tentou contratar um articulista, Kevin Williamson, que disse que as mulheres que abortam deveriam ser enforcadas; e depois a revista voltou atrás sob a pressão pública de pessoas que não gostam da ideia de que um quarto das mulheres americanas deve ser executado por exercer jurisdição sobre o próprio corpo. O *New York Times* contratou alguns conservadores parecidos com Williamson, incluindo Bret Stephens, que nega a mudança climática. Stephens dedicou uma coluna para demonstrar sua solidariedade a Williamson, deixando clara sua indignação com qualquer um que pensasse diferente.

Nos Estados Unidos pró-bolha, a solidariedade muitas vezes é dirigida, num reflexo espontâneo, ao homem branco da história. Presume-se que a história é sobre ele; ele é o protagonista, a pessoa que importa, e se você lê, por exemplo, Stephens defendendo Woody Allen e atacando Dylan Farrow por dizer que seu pai adotivo, Allen, a molestou, dá para perceber quanto ele já imaginou ser Woody Allen, e quão pouco imaginou ser Dylan Farrow ou alguém como ela. Isso me faz lembrar como é comum que mulheres jovens que denunciam estupros ouçam, em resposta, que ao fazer isso estão colocando em risco o futuro brilhante do estuprador. Em vez disso, por que não pensar que talvez *ele* tenha feito isso consigo mesmo, e que o futuro brilhante da jovem também deveria importar? O jornal satírico *The Onion* acertou em cheio alguns anos atrás: "Prodígio do basquete supera com louvor o trágico estupro que cometeu".

Quem consegue ser o tema da história é uma questão imensamente política, e o feminismo já nos proporcionou um bocado de livros que tiram o foco do protagonista original — passando de Jane Eyre para a primeira esposa de Mr. Rochester, a caribenha, em *Vasto mar de sargaços*, de Jean Rhys; do rei Lear para Goneril em *Uma bela propriedade*, de Jane Smiley; de Jasão para Medeia em *Medea*, de Christa Wolf; de Odisseu para Penélope em *A odisseia de Penélope*, de Margaret Atwood; e do herói da *Eneida* para a jovem com quem ele se casa em *Lavinia*, de Ursula K. Le Guin. Existem equivalentes no mundo dos museus, tais como o diorama representando o encontro entre os holandeses e os índios lenapes no Museu Americano de História Natural de Nova York, que agora conta com textos de um historiador da cultura visual indígena criticando o que está atrás do vidro. Mas nos noticiários e na vida política ainda estamos lutando para saber de quem é a história, quem tem importância e para quem nossa compaixão e nosso interesse devem se direcionar.

Essa má distribuição da empatia é epidêmica. O *New York Times* chamou de "solitário gentil" um homem com um histórico de violência doméstica que, em 2015, atacou uma clínica de planejamento familiar em Colorado Springs, matando a tiros três pais de crianças pequenas. E quando o homem-bomba que aterrorizava Austin, no Texas, foi enfim capturado, em março de 2018, muitos jornalistas entrevistaram sua família e seus amigos e publicaram as descrições positivas que eles deram do homem, como se fossem mais válidas do que aquilo que já sabíamos: era um extremista e terrorista que saiu para matar e aterrorizar pessoas negras de maneira especialmente cruel e covarde. Era um rapaz "quieto e nerd vindo de uma família unida e religiosa", nos informou o *New York Times* em um tuíte, enquanto a manchete do *Washington Post* observou que ele estava "frustrado com a vida", o que é o caso de milhões de jovens em todo o mundo que não recebem tanta atenção assim e também não se tornam terroristas. O *Daily Beast* escreveu um olho ótimo para uma reportagem sobre um terrorista de direita que morreu numa explosão na própria casa, repleta de materiais para fabricação de bombas: "Amigos e familiares dizem que Ben Morrow era um técnico de laboratório que sempre levava sua Bíblia consigo. Investigadores dizem que era um supremacista branco que fabricava explosivos".

Contudo, quando um adolescente levou uma arma para a escola, em Maryland, e a usou para matar Jaelynn Willey, em março de 2018, os jornais disseram que ele estava "apaixonado" ou "sofrendo de amor", como se o assassinato premeditado fosse uma reação natural ao ser rejeitado por alguém com quem você namorou. Em um editorial poderosamente eloquente no *New York Times*, Isabelle Robinson, aluna da escola Marjory Stoneman Douglas, escreveu sobre as justificativas apresentadas para o assassino que tirou dezessete vidas na sua escola no Valentine's Day de 2018. Ela observou um "número perturbador de comentários que diziam mais ou menos assim: se os colegas e amigos do sr. Cruz tivessem sido um pouco mais gentis com ele, talvez o tiroteio de Stoneman Douglas nunca tivesse ocorrido". Como ela notou, isso coloca o fardo — e a culpa — nos colegas, que devem atender às necessidades dos garotos e dos homens que possam vir a ser hostis ou homicidas.

Essa estrutura sugere que devemos algo a esses indivíduos, alimentando a noção de que eles têm direitos e criando a lógica de que podem revidar quando acham que não recebem aquilo que somos obrigados a lhes dar. Em 2014, Elliot Rodgers realizou o massacre das alunas de uma fraternidade da Universidade da Califórnia em Santa Barbara porque acreditava que fazer sexo com mulheres atraentes era um direito seu que as mulheres estavam infringindo, e que outro direito seu era punir qualquer uma ou todas elas com a morte. Ele matou seis alunas e feriu catorze. Nikolas Cruz, o assassino da escola Marjory Stoneman Douglas, disse: "Elliot Rodgers não será esquecido". O homem que matou dez pessoas e feriu outras catorze em Toronto, em abril de 2018, também elogiou Rodgers em uma postagem na internet.

As mulheres muitas vezes internalizam esse senso de responsabilidade pelas necessidades dos homens. Em 2006, Stormy Daniels se sentiu tão responsável por ter ido ao quarto de hotel de um estranho que se viu obrigada a fazer sexo, algo que ele queria e ela não. Disse ela a Anderson Cooper, da CNN: "Eu mereci, por ter tomado uma decisão errada, por ter ido sozinha ao quarto de alguém. Ouvi uma voz na minha cabeça dizendo: 'Bom, você se colocou numa situação ruim, e coisas ruins acontecem, então você merece isso'". (Vale a pena comentar que ela classificou fazer sexo com Donald Trump como "coisas ruins acontecem" e que o sentido de "merecer" era punitivo.) Os desejos dele devem ser atendidos. Os dela não contaram. Houve então uma tremenda batalha para que a versão dele dos acontecimentos prevalecesse e a dela não fosse ouvida; ela estava tentando quebrar o contrato de confidencialidade que havia assinado, um instrumento legal padrão muito utilizado contra as vítimas de abuso sexual para garantir que sua versão da história não chegue aos ouvidos do público.

As mulheres não devem querer coisas para si mesmas, como nos lembrou o *New York Times* quando recriminou Daniels com uma manchete que destacava sua ambição — qualidade que já foi alvo de muitas críticas em outras mulheres de destaque, mas que parece invisível nos homens que a possuem, como geralmente ocorre com aqueles que dirigem filmes, são atores ou seguem carreira política. Daniels tinha, segundo afirmou o *New York Times* em um perfil dessa artista bem-sucedida, "um instinto de autopromoção"; e "não disfarçava sua veia competitiva". Ela planejava, ainda, "manipular os negócios conforme a sua vontade". A implicação geral é que qualquer mulher que não seja um capacho de porta é uma dominatrix.

Há pouco voltou a ser discutido um estudo de ciências políticas de 2010 que testava a reação do público a candidatos a senador fictícios, com perfis idênticos, exceto pelo sexo: "Independentemente do fato de que os políticos homens foram em geral preferidos em relação às candidatas mulheres, os eleitores participantes da pesquisa só reagiam de forma negativa às aspirações de poder percebidas nas candidatas mulheres". Os autores do estudo caracterizaram essa reação como "indignação moral". Como ela se atreve a buscar o poder? Como ela se atreve a querer coisas para si mesma e não para os outros? (Embora buscar o poder possa ser uma maneira de trabalhar em prol dos outros.) Como ela se atreve a considerar que a história é a respeito dela, ou querer decidir qual é a história?

E há também os movimentos #MeToo e #TimesUp. Por causa deles já ouvimos centenas — talvez milhares — de mulheres falarem sobre agressões, ameaças, assédio, humilhação, coerção, campanhas que acabaram com suas carreiras, que as levaram à beira do suicídio. A resposta de muitos homens a isso é expressar simpatia pelos outros homens. O diretor de cinema Terry Gilliam foi o porta-voz dos velhos hábitos quando disse: "Sinto muito por alguém como Matt Damon, que é um bom ser humano. Ele resolveu se pronunciar e dizer que nem todos os homens são estupradores, mas foi escorraçado. Convenhamos, isso é uma loucura!". Matt Damon não foi escorraçado. Ele é um dos atores mais bem pagos do mundo, o que é bem diferente de ser escorraçado. O ator Chris Evans se saiu muito melhor nessa mudança de perspectiva ao dizer: "O mais difícil de aceitar é compreender que só porque você tem boas intenções não quer dizer que seja a sua hora de falar".

Mas a história que se segue à revolta com o #MeToo muitas vezes é esta: de que modo as consequências dos terríveis maus-tratos que os homens infligem às mulheres afetam o conforto *dos homens*? Será que os homens estão se sentindo bem com tudo isso que está acontecendo? Há muitas histórias, até demais, dizendo que os homens estão se sentindo menos à vontade, porém há muito poucas dizendo que talvez as mulheres estejam se sentindo mais seguras em locais de trabalho onde colegas que as assediavam foram retirados do ambiente, ou pelo menos agora têm menos certeza quanto ao seu direito de agarrar e assediar. Os homens estão insistindo no seu conforto como um direito. O dr. Larry Nassar, médico da Universidade Estadual de Michigan que molestou mais de cem jovens ginastas, fez uma objeção durante seu julgamento criminal, alegando que era "desconfortável" ter que ouvir as declarações das suas vítimas descrevendo o que ele fez e o impacto que isso causou nelas. Essas meninas e jovens mulheres não estavam caladas antes; já haviam falado repetidas vezes, mas ninguém dotado de poder — por vezes nem mesmo seus pais — as ouviu ou tomou providências; as coisas só mudaram quando o jornal *Indianapolis Star* relatou, em 2016, os ataques de Nassar e de muitos outros homens adultos que atuam na área da ginástica artística. Até aquele momento, a história não era sobre as mulheres. Isso raramente acontece. Ou raramente *acontecia*.

Estamos caminhando, como cultura, para um futuro com mais pessoas, mais vozes e mais possibilidades. Algumas pessoas estão sendo deixadas para trás, não porque o futuro seja intolerante com elas, mas sim porque elas são intolerantes em relação a esse futuro. Os homens brancos protestantes da cultura dominante são bem-vindos, mas, como observou Chris Evans, a história não vai ser sobre eles o tempo todo, e nem sempre serão eles que a vão relatar. A história é sobre todos nós. Os brancos protestantes já são minoria no país, e as pessoas não brancas serão a maioria dos eleitores em 2044, acredita-se.

Este país tem espaço para todos que acreditam que há espaço para todos. Para os que não acreditam, bom, é por isso que está havendo uma batalha sobre qual é a história a ser contada. É a história de quem?

Ninguém sabe[*]

Quando eu tinha dezoito anos, passei vários meses trabalhando como auxiliar de garçonete num restaurante. Era um lugar alegre, com vista para a baía de San Francisco. A cozinha era em forma de L: o dono ficava no lado menor do L, com as cafeteiras e a caixa registradora, e eu em geral do outro lado, perto da lava-louças, longe da vista dos clientes. No meio ficavam os balcões em que se preparava a comida e um fogão de oito bocas, onde ficava o cozinheiro. Era um homem de meia-idade, sempre bêbado, com olhos injetados de sangue, que costumava me agarrar por trás de repente. Ninguém parecia notar e, naquela década antes de

---

[*] Na época em que escrevi este artigo, um cliente agarrou a bunda de uma garçonete e foi filmado pela câmera de segurança. A cena, que mais tarde circulou na internet, mostra a moça virando para trás, sem hesitar nem por um instante, e o atirando no chão; o relato informava que o gerente dela a apoiou e a polícia também: o homem foi preso e acusado de agressão. Fiquei espantada ao ver a confiança dela quanto aos seus direitos e o apoio das outras pessoas. Eu estava tão acostumada a ficar sozinha nessas situações; minha formação foi numa época diferente da dela. (N. A.)

Anita Hill trazer a expressão "assédio sexual" para o vocabulário popular, eu não conseguia articular a ideia de que aquilo violava os meus direitos, além de ser algo que me perturbava e me repugnava. Eu não conseguia nem começar a articular tudo isso, porque naquela época o que se esperava de nós era levar na brincadeira, aprender a lidar com a situação, não fazer tempestade em copo d'água — enfim, qualquer coisa menos reclamar e esperar que houvesse uma intervenção.

Depois de algumas semanas dessas surpresas indesejadas, resolvi me preparar: quando o cozinheiro mais uma vez chegou por trás de mim, fiz questão de estar segurando uma bandeja cheia de copos limpos. Ele me agarrou; eu gritei e soltei a bandeja. O estilhaçar dos copos fez um estrondo. O dono, outro homem de meia-idade, veio correndo e deu uma tremenda dura no cozinheiro — os copos eram audíveis e valiosos, ao contrário de mim.

Os empregados e subalternos têm a reputação de ser traiçoeiros porque às vezes recorrem a soluções alternativas quando não há meios diretos à disposição. Quando eu era subalterna, a única maneira que eu conhecia de fazer um homem parar de me agarrar era ludibriar um homem mais poderoso de modo a fazer com que ele fizesse valer a lei. Eu não tinha autoridade, ou tinha bons motivos para acreditar que não tinha autoridade nenhuma. "Quando você é famoso, elas deixam você fazer"* tem seu corolário em "Quando você não é ninguém, é difícil impedi-los de fazer".

A suposição de que eu não era ninguém nem sempre era adequada, mesmo na minha juventude. Dez anos depois de deixar aquela bandeja cair, eu estava entrevistando um homem para

---

* Famosa frase de Donald Trump, dita em particular, mas captada em vídeo, explicando como ele conseguia agarrar os órgãos genitais de mulheres. (N. T.)

o meu primeiro livro. Ele era casado, mais ou menos da idade dos meus pais, mas quando ficamos sozinhos para a entrevista ele ficou animado e todo meloso. Percebi que ele estava achando que nossa interação ficaria em off, talvez porque as mulheres jovens fossem, categoricamente, inaudíveis. Tive vontade de gritar para ele: *Estou gravando, tudo isso vai ser público!* No entanto, se ele me tratasse com respeito, eu não saberia tão bem quem ele era — e teria mais consideração.

É como diz o velho lugar-comum: conhecimento é poder. Mas raramente se expressa a possibilidade inversa e oposta — que o poder também pode ser ignorância. Os poderosos se envolvem em camadas de indiferença para evitar a dor alheia e sua relação com essa dor. É deles que muita coisa se oculta, são eles que ficam longe dos espaços dos pobres e dos impotentes. Quanto mais você é, menos você sabe.

No meu bairro, em San Francisco, por exemplo, uma mulher branca como eu não precisa saber que o azul é a cor de uma gangue, mas se um jovem latino não souber disso, corre perigo (inclusive por parte da polícia). Da mesma forma, para os homens é opcional conhecer as estratégias que as mulheres usam para se proteger, se é que eles já pensaram nisso alguma vez. (Há um exercício em sala de aula nas universidades que consiste em perguntar a todos os alunos o que eles fazem para evitar o estupro; em geral as mulheres recitam longas listas de precauções e maneiras de se esquivar, enquanto os homens ficam inexpressivos.) Todo subordinado tem uma estratégia de sobrevivência que depende, em parte, de discrição; todo sistema desigual preserva essa discrição e protege os poderosos: é melhor o sargento não saber que os soldados mal o toleram, melhor o chefe não saber que os funcionários têm vida própria para além da servidão e que talvez sintam desprezo por aqueles a quem servem com aparente deferência.

O mundo inteiro *não* é um palco: os bastidores e o que se passa fora do teatro também são territórios importantes. Ali, pessoas com todos os níveis de poder agem longe dos holofotes, fora do alcance das regras oficiais. Para os subordinados, isso pode dar um pouco de liberdade em relação a um sistema que os reprime; para quem exerce o poder, dá margem a uma hipocrisia óbvia e flagrante. Muitas vezes agem com a confiança de que aqueles que os estão vendo são pessoas sem importância ou que não são capazes de afetar sua reputação perante os que têm importância. Pois não é só o conhecimento em si que importa, óbvio — também é importante entender quem sabe, de quem é o conhecimento. Poderíamos afirmar que quando os poderosos insistem em dizer que ninguém sabe, o que querem dizer é que seus atos são testemunhados por pessoas que não são ninguém para eles. "Ninguém" sabe.

Em meados dos anos 1970, minha amiga Pam Farmer, na época com dezesseis anos, era mensageira na Câmara dos Deputados dos Estados Unidos, pouco depois que começaram a aceitar mulheres nesse cargo. Recentemente, em um jantar, ela me contou que certo dia, no vestíbulo dos republicanos, ela estava por perto quando o deputado Sam Steiger, do Arizona, fez um comentário cínico de cunho sexual para a congressista Millicent Fenwick, de Nova Jersey, na época com seus sessenta e poucos anos. Outro deputado, Barry Goldwater Jr., ouviu e repreendeu o colega: "Você diria isso na frente da sua neta?". Steiger ficou desconcertado e pediu desculpas — para Goldwater. O importante é que outro homem poderoso testemunhou o evento; não importava que Pam podia ser sua neta ou que Fenwick merecia respeito. Nenhuma das duas mulheres tinha importância. "Alguém" viu e ficou sabendo.

Um exemplo mais recente: em dezembro de 2018, algumas funcionárias foram a público para acusar Alex Kozinski, juiz da Corte de Apelações do 9º Circuito dos Estados Unidos, de forçá-las a ver imagens pornográficas com ele. Essas mulheres descreveram como faziam para lidar com a situação; elas se sentiam obrigadas a tratar o homem e seu comportamento repugnante como um obstáculo irremovível, como uma cordilheira de montanhas. Alexandra Brodsky, advogada de direitos civis, tuitou: "Fico feliz em ver outro 'segredo de polichinelo' ser divulgado na imprensa. Na faculdade de direito todo mundo sabia". Mas esse "todo mundo" que sabia era "ninguém", pelo menos em comparação a um juiz federal. Quando uma jornalista investigativa compilou as vozes de vários desses "ninguéns", formando um todo com poder e influência, o juiz renunciou.

Voltando a "conhecimento é poder". Talvez seja mais exato dizer que certos conhecimentos têm poder e outros foram privados do poder que mereciam ter. Os poderosos não têm o conhecimento, e o conhecimento não tem poder. Numa sociedade justa, se você afirmar veridicamente que alguém o agrediu, esse comentário deve ter consequências. Um segredo de polichinelo entre pessoas que não têm poder para agir é um conhecimento irrelevante, literalmente. Em outras ocasiões o conhecimento é obtido, mas com relutância, na forma de pagamento de ações judiciais e acordos extrajudiciais. Quando os poderosos sabem que o público sabe — por exemplo, quando a família Murdoch precisou lidar com a revelação de que Roger Ailes, CEO da Fox News, tinha um longo histórico de abuso sexual de funcionárias da companhia —, eles finalmente se sentem pressionados a agir.

As acusações sobre o produtor de cinema Harvey Weinstein pintam a imagem de um homem que fazia esforços extraordinários para transformar pessoas em "ninguéns". Weinstein tratava as mulheres como pessoas sem direitos, pessoas que não tinham autonomia sobre o próprio corpo. Ameaçava arruinar a carreira de qualquer uma que agisse em prol dos próprios interesses, e não do interesse dele. As revelações sobre o elaborado mecanismo concebido para transformar as mulheres em "ninguéns" foram quase tão espantosas quanto os relatos das supostas agressões, estupros e tentativas de intimidação. Mais de cem mulheres, algumas delas muito famosas, tinham ficado em silêncio para além do seu círculo pessoal. Milhões de dólares foram gastos e numerosas pessoas foram empregadas nesse esquema, incluindo ex-espiões do Mossad e um dos advogados mais proeminentes do país.

As revelações sobre Weinstein incentivaram uma nova avaliação sobre quem é audível e quem tem importância. O assédio persistente que existe em muitos setores — não apenas na tecnologia e no cinema, mas também na agricultura, nos restaurantes, nos hotéis — foi finalmente reconhecido: havia muito tempo que abuso, difamação e agressão eram considerados oficialmente inaceitáveis, porém toleráveis desde que o público não soubesse que os responsáveis estavam cientes. Quando os gerentes sabiam, em geral não faziam nada até que viesse à tona o fato de que eles sabiam. Uma mudança em quem é audível é uma mudança em quem é considerado "alguém".

Muitas pessoas sabiam o que ninguém sabia, durante décadas, até que os pontos foram ligados, formando uma imagem da qual os poderosos não podiam mais desviar o olhar. Até agora a ignorância intencional tem funcionado como um dique reprimindo o jorrar das consequências. Essas torrentes de informações vão surgindo enquanto o status da mulher vai mudando, passando de alguém para ninguém e vice-versa, enquanto as que foram silenciadas são ouvidas.

Acontece com frequência: um homem que julga que as mulheres não têm voz fica indignado quando descobre que alguém as está ouvindo. É uma luta tomar posse da narrativa. Em 2011, Dominique Strauss-Kahn, então chefe do Fundo Monetário Internacional, supostamente (palavra que preciso usar porque o promotor desistiu da acusação criminal, como costumava fazer quando se tratava de homens poderosos) abusou sexualmente de uma camareira de hotel em Nova York chamada Nafissatou Diallo; na ocasião, seu amigo Bernard-Henri Lévy o defendeu. "O Strauss-Kahn que conheço, que é meu amigo há vinte anos e que continuará sendo, não tem nenhuma semelhança com esse monstro", escreveu ele em um ensaio.

Henri-Lévy afirmou ter autoridade para julgar com base na premissa de que seu amigo tinha apenas uma cara — a que mostrava aos outros homens poderosos. Foi uma tolice deliberada, talvez provinda de uma vida inteira de indiferença para com a vida dos que são "ninguém"; ou talvez fosse a insistência em acreditar que a verdade, tal como as mulheres, pode ser intimidada, achacada e pressionada até se comportar direito. Logo depois, várias outras mulheres foram a público com acusações contra Strauss-Kahn por abuso sexual, que entrou num acordo com a camareira Diallo em um processo civil. Ele era considerado um forte candidato à presidência da França até que essas mulheres expuseram sua outra cara. Por algum tempo ficou parecendo que uma refugiada africana seria tratada como igual a um homem branco poderoso, mas isso não aconteceu depois.

É notável como os abusos como esses de Strauss-Kahn são comuns; são tão normais que, em 2018, várias redes nacionais de hotéis — após anos de pressão das funcionárias — introduziram o "botão de pânico" para a equipe da limpeza. É uma maneira de dizer que muitos dos homens que podem se dar ao luxo de se hospedar num bom hotel acreditam que as faxineiras não podem se dar ao luxo de falar; e até agora eles tinham razão. No outono de 2018, funcionárias dos hotéis Marriott fizeram greve em muitas cidades dos Estados Unidos e ganharam botões de pânico, entre outras concessões. A *Vox* publicou: "E pela primeira vez a rede hoteleira concordou em proibir a entrada de hóspedes que têm histórico de assediar sexualmente alguma funcionária".

Vinte anos atrás, senti que eu estava saindo do mundo dos bastidores. Era como se eu tivesse imigrado para outro país ou sido deportada de minha casa. E com a transição veio o convite para deixar de lado minha lealdade e esquecer onde eu havia morado durante muito tempo. Como escritora, sou alguém cujo trabalho é ouvir e contar as histórias dos que não têm poder. Isso significa que eu tenho poder — incluindo o poder de intervir nos desequilíbrios de poder que tantas vezes se manifestam como desequilíbrios de audibilidade. Assim, agora sou uma pessoa de quem os agressores escondem as coisas; e os que não têm poder nem sempre assumem que sou sua aliada.

Fui confidente de muitas jovens e depois descobri que muitas vezes eu era banida, relegada à companhia dos poderosos e enganados. Alguns anos atrás, passei vários dias com um grupo de pessoas. No último dia, uma jovem se abriu comigo sobre um homem poderoso, bem mais velho, que estava entre nós e que a pressionou e perseguiu durante o tempo em que ficamos juntos. Ele havia escondido seus movimentos das pessoas do grupo que ele considerava que eram "alguém", o que agora incluía a mim. Fiquei furiosa, solidária com a moça atingida e, em menor grau, com a esposa do homem, mas também fiquei desgostosa por ter sido enganada dessa maneira.

Eu tinha sido conduzida a um público que inadvertidamente iria assistir a uma mentira. Algumas das moças mais jovens do nosso grupo sabiam o que estava acontecendo, mas ficaram em silêncio; só comentaram com seu próprio círculo. Até então, eu fazia parte desse círculo. Tal como as estudantes de direito e as funcionárias avisando umas às outras sobre o juiz Kozinski, nós, mulheres, sussurramos, só entre nós, que é melhor evitar certos homens e viramos os olhos quando vemos alguém encenar mais uma performance hipócrita. Agora eu estava do lado de fora.

Costumamos falar sobre empatia e compaixão como virtudes, mas também são práticas ativas de como prestar atenção nas pessoas. Dessa maneira, compreendemos os outros e o mundo para além de nossa própria experiência. Eu presto atenção em você porque você importa, e se você me ignora é porque eu não importo. O psicólogo Dacher Keltner, que estudou a relação entre empatia e poder, escreveu que

> normalmente as pessoas ganham poder por meio de características e ações que promovem os interesses dos outros, tais como empatia, colaboração, abertura, imparcialidade, compartilhamento; mas quando passam a se sentir poderosas ou gozam de uma posição privilegiada, essas qualidades começam a desaparecer. Os poderosos são mais propensos do que as outras pessoas a se comportar de maneira rude, egoísta e antiética.

O trabalho de Keltner demonstra que os poderosos são antissociais, ou afetados por "tendências sociocognitivas autocentradas" que podem "facilitar o comportamento antiético". Em 2011, Keltner e seus colegas analisaram estudos anteriores de pessoas da classe alta e encontraram provas de "tendências a tomar decisões antiéticas", a mentir e trapacear; essas pessoas têm menos altruísmo e fazem menos doações para caridade. Outro estudo mostrou que os que dirigem carros de luxo tendem, mais do que os outros motoristas, a cortar os demais veículos em vez de esperar a sua vez. Em outra experiência, os poderosos comeram mais doces mesmo sabendo que seriam doados a crianças.

Ser imune à influência de outras pessoas pode ser a base da integridade — Eyal Press, em seu livro *Beautiful Souls*, explorou esse fato escrevendo sobre dissidentes que não agiram como seus pares em situações de genocídio e outros crimes. Mas essa imunidade também pode gerar indiferença e permitir a crueldade, sobretudo quando se trata de falta de consciência em relação aos menos poderosos. Há estudos mostrando que os poderosos são muito menos influenciados — ou seja, menos conscientes — e que seu cérebro se envolve muito menos nas atividades de espelhamento. Espelhar é repetir mentalmente as ações da outra pessoa, para nos conectarmos com o que ela está fazendo e sentindo. Ou então não espelhamos, e não fazemos a conexão; é um processo cognitivo e também emocional. Pode ser instintivo, mas também pode ser praticado. Ou abandonado.

A desigualdade transforma todos nós em mentirosos, e só uma democracia do poder pode levar a uma democracia da informação. Mas os subordinados conhecem as duas versões das pessoas de duas caras; já os poderosos parecem conhecer apenas uma, ou se recusam a conhecer a outra. Eles conseguem apagar as coisas, como num passe de mágica: se ninguém de status elevado ficou sabendo, aquilo simplesmente não aconteceu.

Se o poder gera um amortecedor de indiferença ao seu redor, aqueles de nós que detêm algum poder precisam combatê-lo. Isso significa, em primeiro lugar, tratar as pessoas com respeito, seja lá qual for o seu status: não aceitar desdenhá-las ou ignorá-las. Significa também, se você tem algum poder — e a maioria de nós tem, em alguns contextos, mesmo que nos falte em outros —, estar ciente de que seu status pode excluir você daquilo que outras pessoas sabem e compartilham entre elas; ou seja, saber que há coisas que você não sabe.

Uma reação mais radical é tentar desfazer a desigualdade. Criticar as forças que criam a desigualdade e lembrar que elas criam assimetrias de audibilidade e de impacto. Uma vida não examinada não vale a pena ser vivida, como diz o aforismo, mas talvez uma vida honrada e informada exija examinar a vida de outras pessoas, não apenas a própria. Talvez seja impossível alguém conhecer a si mesmo se não conhecer outras pessoas.

E, se conhecermos os outros, saberemos que ninguém é "ninguém".

Eles acham que podem fazer bullying contra a verdade

Sobre as mentiras dos poderosos e o poder das mentiras

O substantivo "ditador" é primo do verbo "ditar". Há entre nós pessoas que presumem que sua autoridade é tão grande que elas têm o direito de ditar o que aconteceu; que suas afirmacões terão mais força do que as testemunhas, os vídeos, as provas, o registro histórico; que a voz delas é a única voz que importa, e importa tanto que pode se exibir, orgulhosa, lá no alto, em cima dos fatos conquistados. Mentiras são agressões. São tentativas de pisotear os fatos e as pessoas que detêm esses fatos, e preparam o terreno para as ditaduras — as pequenas na família, as grandes nos países.

O movimento Black Lives Matter chamou a atenção para os policiais que insistiam na sua própria versão dos acontecimentos mesmo quando havia provas contrárias gravadas em vídeo ou provas físicas e testemunhas oculares contradizendo o seu relato. Percebe-se que esses policiais assumiam que podiam ditar a realidade, pois durante décadas de fato o fizeram, e estavam com dificuldade para se adaptar àquele novo fato — a realidade ditando de volta. Como disse um dos irmãos Marx, tempos atrás: "Em quem você vai acreditar, em mim ou nos teus próprios olhos?". A polícia presumiu que não iríamos acreditar em nossos próprios olhos, tampouco nas provas.

Em fevereiro de 2015, dois policiais de San Francisco mataram um jovem de vinte anos, Amilcar Perez-Lopez. Todas as balas entraram por trás — inclusive as quatro que penetraram no tórax pelas costas —, mas os policiais alegaram que atiraram no rapaz, um imigrante da Guatemala de origem maia cho'rti, em legítima defesa, já que ele fugiu correndo e, assim, os fez correr também. Os policiais não enfrentaram nenhuma consequência — nem por mentir, nem por tirar a vida de um jovem que tentava sobreviver numa terra estrangeira. Dois meses depois, em North Charleston, na Carolina do Sul, Walter Scott também foi baleado por um policial enquanto fugia. Também morreu com balas nas costas, e seu assassino alegou legítima defesa, num relato que diferia radicalmente da gravação em vídeo (que parece mostrar o policial colocando uma arma na mão da vítima já caída no chão) e dos relatos de testemunhas oculares. O assassino foi condenado a vinte anos de prisão.

As vítimas vão continuar sem voz — essa foi a premissa de muitos abusos sexuais que foram descobertos na era do #MeToo. Sair impune é o mesmo que presumir que ninguém vai saber, já que a vítima ficará em silêncio, seja por intimidação ou por vergonha; ou então, se ela falar, pode ser desacreditada ou ameaçada, até voltar a se calar; e, mesmo que ela não feche a boca, ninguém vai acreditar, pois a credibilidade dos poderosos esmaga a das vítimas. A versão do abusador é a única que conta, ainda que para isso ele tenha que usar meios violentos. Jane Mayer e Ronan Farrow informaram, acerca das quatro vítimas de Eric Schneiderman, ex-procurador geral de Nova York: "Todas relutam em falar, temendo represálias".

A maioria de nós considera que a verdade surge a partir dos

fatos, os quais existem independentemente das nossas vontades e caprichos; não temos escolha a respeito, mas acreditamos em algum tipo de realidade objetiva — algo aconteceu ou não, uma frase foi ou não dita, uma substância é ou não venenosa. (Sim, no passado já li aos montes as teorias pós-modernas e conheço todos os contra-argumentos, mas não é disso que estou falando.) O que está evidente agora é que "a maioria" não significa "todos"; que uma minoria de nós acredita que pode impor uma versão da realidade que difira da factualidade, e que essa minoria sempre agiu assim. Isso corrompe tudo ao redor, e a corrupção começa dentro deles.

Há mentiras que os subordinados contam para evitar a culpabilização, mas em geral são sobre coisas específicas (eu não comi o bolo, eu não cheguei atrasado), ou são uma questão de sobrevivência (eu não sou um imigrante ilegal). Já aqueles que fazem bullying contra os fatos impõem suas respostas sobre os outros, tal como um pai ameaçador que obriga a família inteira a fingir que está tudo bem, que todos o adoram e que nada daquilo que houve ontem à noite de fato aconteceu. Manipular e fazer abuso psicológico também é um fenômeno cultural coletivo e faz uma cultura sentir que está enlouquecendo, tal como sente uma vítima individual. Nós temos que fingir que relacionar os massacres e o alto índice de mortes por armas de fogo com o fácil acesso às armas é uma insanidade.

Recentemente testemunhamos mais uma vez a indignação que surge nos poderosos quando percebem que outras pessoas têm coisas a dizer e que podem ser ouvidas e levadas em consideração. O congressista Jim Jordan ficou indignado ao saber que nove ex-lutadores relataram que, quando Jordan era treinador assistente de luta livre na Universidade Estadual de Ohio, ele sabia dos abusos sexuais cometidos pelo médico da equipe contra os atletas, mas não fez nada a respeito. No início de 2019, o congressista Devin Nunes abriu um processo de 250 milhões de dólares contra duas contas de deboche no Twitter ("A vaca de Devin Nunes" e "A mãe de Devin Nunes"). Também processou a estrategista republicana Liz Mair e vários jornais, pedindo 150 milhões de dólares por publicar matérias contra ele. Defensores de Darla Shine, esposa de Bill Shine, ex-figurão da Fox (e, por um breve período, diretor de comunicação da Casa Branca), alegaram que ela estava sendo difamada por pessoas que faziam circular as palavras *dela própria* — palavras que, segundo o *Washington Post*, "questionam por que os brancos são tachados de racistas por usar a palavra que começa com 'n',* mas os negros não; defendem a bandeira de guerra dos confederados** e destacam casos de crimes de negros contra brancos".

O feminismo, tal como muitos outros movimentos de direitos humanos, é um processo que amplifica diversas vozes até que elas consigam se manter sozinhas e diz respeito a solidariedade, de modo que pequenas vozes possam alcançar, cumulativamente, um volume alto — alto o suficiente para combater os ditadores. Poderíamos chamar isso de teoria da audibilidade de *Horton e o Mundo dos Quem*. Assim, muitos casos recentes — de Bill Cosby a Roger Ailes, de Harvey Weinstein a Brett Kavanaugh — foram construídos por muitas mulheres que foram a público para apoiar os depoimentos das primeiras a quebrar o gelo.

Em 2014, a cantora Kesha entrou com um processo para se liberar de seu contrato de gravação, alegando que seu produtor, Dr. Luke, também conhecido como Luke Gottwald, a estuprou e abusou dela de várias outras maneiras, e que ela não tinha quase nenhum controle criativo sobre sua própria música. (Um ano

---

* A palavra "nigger" é considerada ofensiva para os negros e em geral referida como "a palavra que começa com 'n'". (N. T.)
** União de seis estados sulistas durante a Guerra Civil Americana (1861-5).

antes, seus fãs haviam iniciado a petição "Free Kesha".) Gottwald e a empresa se recusaram a liberá-la dos contratos que ela havia assinado quando adolescente; assim, houve um julgamento que chamou mais atenção para a situação. Ela perdeu e continuou presa a ele, refém de um homem que ela parece temer e odiar. Agora, quatro anos depois, ele abriu um processo contra ela porque "a carreira musical de Gottwald nunca vai se recuperar dos danos que ela causou". Isto é, danos que ela causou por falar publicamente, subentendendo, assim, que uma estrela como ela, com uma série de grandes sucessos, iria permanecer sem voz. E também, se considerarmos que Kesha está falando a verdade (e eu a considero digna de crédito), Dr. Luke e seus apoiadores estão pondo a culpa nela pelo que ele fez, ou por não guardar segredo. Eles todos consideram que Luke tinha direito à impunidade — ou seja, o direito de fazer o que você quiser e ditar a realidade ao redor, o direito de não enfrentar nenhuma versão contraditória, nem mesmo das outras pessoas envolvidas.

Há também o caso do apresentador de rádio que apalpou Taylor Swift durante um encontro com fãs, em 2013, e depois a processou, sem sucesso, por divulgar o fato, já que foi demitido devido a essa denúncia. Ele agora reclama de que tem medo de conversar com as mulheres (talvez porque, para ele, conversar com uma mulher e agarrar a bunda de uma mulher são duas coisas muito difíceis de diferenciar — uma confusão que estamos ouvindo de muitos homens que agora têm "medo de conversar com as mulheres"). Diz ele que tem vontade de dizer a Taylor Swift: "Como você consegue viver em paz? Você acabou com a minha vida". Parece que é a maneira de ele dizer que ficou chocado ao descobrir que uma das figuras mais poderosas da música pop tinha voz, e que as pessoas acreditaram nela quando a ouviram. Durante o julgamento — talvez a melhor performance de Taylor Swift até hoje —, ela percebeu que, ao contrário do que dizem as acusações e as velhas convenções estabelecidas, não tinha nenhuma responsabilidade de proteger seu agressor: "Não vou deixar o senhor nem o seu cliente me fazerem sentir, seja lá como for, que isso é culpa minha. Aqui estamos, muitos anos depois, e eu estou sendo acusada pelos acontecimentos infelizes da vida dele que são produto das decisões dele — não minhas". Dessa forma, Taylor contrariou a premissa de que, não importa o que o radialista tenha feito, ela precisa garantir que a vida dele se mantenha agradável. Não se permite nenhuma verdade que seja contrária à conveniência dele.

Talvez, em vez de poder, devêssemos falar de *poderes* — os que nós geramos sozinhos e os que as pessoas nos dão, ou se recusam a nos dar. O poder de ter credibilidade é distribuído de maneira tão desigual quanto todos os outros poderes que há por aí. Os policiais presumiram que têm esse poder, mais do que as pessoas atacadas por eles; os homens presumiram que têm esse poder, mais do que as mulheres; e os brancos mais do que os não brancos. Estamos numa era de reequilibrar quem possui esse bem precioso. A credibilidade não é inerente; ela reside na reação das pessoas. E os que são silenciados de antemão não têm nem sequer a chance de conquistar a credibilidade.

Cada vez mais, vejo o ritmo compulsivo, frenético das mentiras do presidente dos Estados Unidos como uma versão maníaca dessa prerrogativa de ditar a realidade. É uma maneira de dizer: "Eu determino o que é real e vocês têm que engolir tudo, mesmo sabendo que é papo-furado". Quando você é famoso, elas deixam você fazer; e o tamanho da sua fama pode ser medido pelo quanto você consegue obrigar as pessoas a aceitar — ou fingir aceitar —, indo contra a própria inteligência delas, a orientação da vida delas, seu senso de ética. Afinal, esse é o mentiroso que, na sede da CIA em 21 de janeiro de 2017, disse a centenas de funcionários da agência — céticos cuja profissão é coletar e checar fatos — várias mentiras muito fáceis de desmentir sobre o tamanho do público da sua cerimônia de posse e se choveu ou não no dia anterior. Nenhum desses agentes deve ter acreditado, mas talvez outra qualidade dos poderosos seja satisfazer-se com as aparências superficiais e obrigar os outros a se envolver em mentiras recíprocas.

Naquele dia, o novo presidente disse à CIA: "E a razão pela qual vim aqui em primeiro lugar é que, como vocês sabem, estou em guerra contra a mídia. Eles estão entre os seres humanos mais desonestos da face da Terra. Certo? E eles meio que fizeram parecer que eu tenho uma rixa com o setor de inteligência". E tinha mesmo essa rixa, já que poucas semanas antes comparou a CIA à Alemanha nazista. Mas ele costuma elogiar pela frente as pessoas que ataca pelas costas, como fez com a primeira-ministra britânica Theresa May (e depois negou suas declarações anteriores; a manchete do *Washington Post* foi: "Trump nega ter dito algo que disse numa fita que todo mundo já ouviu"). Pode-se imaginar que desde a infância ele nunca foi responsabilizado por nada; parece mais que provável que, após uma vida inteira assim, ele esteja convencido de que realmente dita a realidade, ou de que ela não existe, ou de que existe apenas conforme seus caprichos. Ou seja, ele é niilista e solipsista (uma amiga comparou-o a uma criança pequena que acredita que ninguém consegue enxergá-la quando ela fecha os olhos).

Há quem veja suas mentiras como disfarces ou perturbações, mas são uma coisa perigosa por si só, e ele próprio é produto de um sistema que produz e impõe mentiras. Trump insistiu, a respeito da sua espantosa reunião com Putin em Helsinque no verão de 2018, que devemos aceitar a palavra de Putin e não a dos especialistas em inteligência dos Estados Unidos, das agências de notícias do mundo todo e de muitos senadores e congressistas americanos. O que se deve lembrar aqui é que um ataque à verdade é, de fato, um ataque.

Seus seguidores tiveram a mente "belicizada" devido a décadas assistindo ao Fox News na tv e escutando gurus de direita falarem em conspirações e negarem fenômenos cruciais, inclusive o importante papel dos imigrantes na nossa economia e a realidade urgente da mudança climática causada pelo homem. O país está agora numa espécie de guerra civil, e uma das coisas que estão em jogo são os fatos e a verdade, sob a forma de história documentada, fatos científicos, responsabilidade política e respeito à lei, bem como as metodologias pelas quais os fatos serão definidos e, ainda, a premissa de que os fatos têm importância.

Em "A prevenção contra a literatura", George Orwell escreveu:

> Um estado totalitário é, na verdade, uma teocracia, e sua casta dominante, a fim de manter sua posição, deve ser considerada infalível. Mas como na prática ninguém é infalível, muitas vezes é necessário reorganizar eventos passados para mostrar que esse ou aquele erro não foi cometido, ou que esse ou aquele triunfo imaginário realmente aconteceu. […] O totalitarismo exige, de fato, a alteração contínua do passado e, a longo prazo, provavelmente exige a descrença na própria existência da verdade objetiva.

A internet produziu sua própria forma de relativismo informacional. O Facebook foi muito criticado por sua prolongada recusa, durante uma suposta limpeza nas informações, de excluir páginas do InfoWars, site que divulga teorias conspiratórias, como por exemplo que o massacre de crianças numa escola em Sandy Hook foi uma farsa e que os adolescentes que sobreviveram ao tiroteio numa escola de Parkland, na Flórida, eram atores. Questionado sobre a permanência do InfoWars, John Hegeman, chefe do Feed de Notícias do Facebook, disse: "Creio que uma das coisas fundamentais aqui é que criamos o Facebook para ser um lugar onde pessoas diferentes possam ter uma voz. E diferentes produtores de conteúdo têm pontos de vista muito diferentes". O fato de que alguns desses pontos de vista são difamatórios, falsos e destrutivos não parece incomodá-lo (os pais das vítimas de Sandy Hook, seis dos quais processaram o InfoWars, já receberam ameaças de pessoas orientadas pelo site a acreditar que o massacre na escola foi "uma farsa para confiscar as suas armas"). Isso resulta do fato de que as empresas de internet alegam ser plataformas neutras e não agências de informação, eximindo-se das responsabilidades que sempre acompanharam essa função. É consequência do desejo dessas empresas de servir qualquer produto para qualquer cliente, desde que seja lucrativo.

Em agosto de 2018, o Facebook finalmente baniu o InfoWars e, em fevereiro de 2019, excluiu mais 22 páginas vinculadas ao seu diretor, Alex Jones, pouco depois que o CEO Mark Zuckerberg disse à jornalista Kara Swisher: "Mas, no final das contas, acho que a nossa plataforma não deveria tirar isso do ar, porque acredito que há coisas que pessoas diferentes compreendem errado — e não acho que elas estejam compreendendo errado intencionalmente. É difícil questionar uma intenção e entender qual foi a intenção. Apesar de alguns desses exemplos serem importantes, a realidade é que eu também posso entender as coisas da maneira errada quando falo em público". Não há outra forma de interpretar essas palavras a não ser como uma postura libertária do tipo "cada um tem direito aos seus próprios fatos", que ignora o impacto desigual, digamos, das teorias conspiratórias e das ameaças de morte nas redes sociais. "Para quem olha do alto da montanha, parece que o campo lá embaixo está todo nivelado" — este é um dos meus velhos ditados.

Já o livro *Algorithms of Oppression: How Search Engines Reinforce Racism*, de Safiya Umoja Noble, propõe outra teoria. Segundo Noble, uma das forças propulsoras do racismo de Dylann Roof, que massacrou nove pessoas numa igreja negra de Charleston, na Carolina do Sul, foi o Google. Numa resenha do livro, James McWilliams, da revista *Pacific Standard*, relata que Roof procurou no Google "crimes cometidos por negros contra brancos" e de lá foi direcionado para um site do Council of Conservative Citizens, organização supremacista branca que divulga mentiras. O Google é dono do YouTube, que, segundo relatou o *Wall Street Journal* em fevereiro de 2018, oferece recomendações que "muitas vezes apresentam aos usuários conteúdos enganosos, falsos ou que dividem a opinião pública". Zeynep Tufekci, crítica de tecnologia, observou: "Ao que parece, o algoritmo do YouTube concluiu que as pessoas são atraídas por conteúdos mais extremos do que aqueles de onde partiram — ou por conteúdos incendiários em geral". Assim, o site lhes dá aquilo que eles querem, ou pensam que querem, seja isso bom ou não para eles, para nós ou para o registro histórico. Em outras palavras, as empresas mais poderosas do mundo chegaram à conclusão de que as mentiras são lucrativas e partiram em busca desse lucro.

Como disse Hannah Arendt, numa citação famosa: "O súdito ideal do governo totalitário não é o nazista convicto ou o comunista convicto, mas sim as pessoas para quem a distinção entre fato e ficção (isto é, a realidade da experiência) e a distinção entre verdadeiro e falso (isto é, as normas do pensamento) não existem mais". Fazer essas distinções, fazer o trabalho de deixar as coisas bem explicadas, é resistência. Consiste, em parte, em apoiar e acompanhar o noticiário de fontes confiáveis (incluindo os jornais cuja base financeira foi abalada pela internet) e se informar sobre as notícias publicadas, assim como sobre os antecedentes históricos das atuais crises. São informações que podemos encontrar nos livros (e nas universidades, embora o valor das ciências humanas também esteja sob ataque; um dos valores de uma educação das humanidades é ensinar as pessoas a filtrar bem os dados, pois estão bem fundamentadas pelo estudo da história). A resistência também consiste em manter nossa capacidade de checar, filtrar e avaliar as informações e manter nossa independência mental. Solidez e firmeza são essenciais para a resistência e para ter clareza sobre quem você é e no que você acredita. Ter princípios é contagioso, e, embora seja necessária uma ação direta e drástica, também tem valor o poder catalítico de uma miríade de pessoas que defendem seus princípios e vivem em função dos fatos. Significa exigir de si próprio e das pessoas ao redor um alto nível, não só de verdade como também de rigor.

A igualdade também é uma arma contra as mentiras. Se o privilégio de ditar leva à ditadura, então a obrigação de prestar contas leva ao contrário da ditadura. Conseguir que os poderosos prestem contas, mesmo que em pequena escala — fiscalizando a polícia, apoiando uma vítima de abuso sexual ou de racismo, checando os fatos e se comprometendo com a verdade e o rigor, até mesmo nas suas conversas pessoais —, isso tudo é uma forma importante de resistência. A tarefa que temos pela frente agora é conseguir estabelecer essa resistência em escala nacional e internacional, com uma força que não possa ser vencida pelas mentiras.

O preconceito inconsciente é candidato à presidência

O preconceito inconsciente é candidato à presidência, mais uma vez. O preconceito inconsciente sempre esteve na disputa, e a grande amiga do preconceito inconsciente, a Discriminação Institucional, sempre lhe deu todo o apoio. O resultado é que todos os nossos presidentes foram homens, e todos, menos um só, brancos; e até há pouco isso tudo não era nem sequer questionável. Assim, dizer que alguém tem uma "aparência presidenciável" é uma tautologia, um uróboro mordendo firmemente a própria cauda. O Partido Republicano mais do que abraçou esse posicionamento fraterno em relação ao preconceito consciente e ao ressentimento — um ressentimento que bebe até se embriagar e se torna o preconceito inconsciente. Mas isso também afeta o Partido Democrata e seus eleitores, onde o preconceito talvez não devesse ser tão bem-vindo.

Um dos fatos curiosos e sinistros da eleição de 2020 é que os homens brancos formam uma pequena minoria das pessoas que votam nos democratas, mas detêm um controle absurdamente desproporcional sobre o dinheiro e a mídia e têm uma influência indevida na campanha pela indicação do candidato. Essa é uma das muitas maneiras pelas quais "um voto por pessoa" não é de fato o sistema que temos aqui, já que há uma porção de outras coisas que decidem em quem podemos votar e quem pode votar (a chamada supressão ou exclusão de eleitores). Em 2016 os homens brancos constituíam 34% do eleitorado, mas deram menos de 11% dos votos para a candidata democrata, pois mais de dois terços deles votaram em Trump ou em candidatos de outros partidos. Os eleitores negros também representam cerca de 11% do total dos votos democratas (e 94% das mulheres negras votaram nos democratas, o total mais elevado de qualquer grupo social importante). As mulheres negras e latinas, juntas, formam uma proporção do eleitorado democrata comparável à dos homens brancos. Assim, num sistema totalmente igualitário, aquilo que os eleitores negros ou as mulheres não brancas desejam ver num candidato democrata deveria ter o mesmo valor, pelo menos, do que aquilo que os homens brancos desejam.

Mas o poder não é distribuído igualmente, e há demasiados homens brancos — políticos, figurões da mídia, financiadores, pessoas que encontro nas redes sociais — usando seu poder daquelas velhas maneiras bem conhecidas. Além disso, muitos deles, muitíssimos, são campeões do preconceito inconsciente. Em 2016, escrevi: "Com sua profunda convicção de que detêm um monopólio especial sobre a objetividade, muitos homens me garantem que não há nenhuma misoginia nas suas avaliações subjetivas; garantem até mesmo que não estão sendo impelidos por nenhuma subjetividade, nenhuma emoção, e que não há motivo para haver outras opiniões, uma vez que a afirmação deles não é uma opinião". Eu gostaria de que isso não fosse mais verdade, mas temo que isso vá afetar novamente o resultado das eleições.

Acabo de passar um mês vendo pessoas na TV, em geral homens brancos, discutindo sobre qual dos candidatos tem carisma, elegibilidade ou representatividade — ou seja, gera identificação nos eleitores. Eles falam como se essas fossem qualidades objetivas e como se sua opinião particular a respeito fosse uma verdade ou um fato, e não questão de gosto; e falam como se aquilo de que os homens brancos gostam fosse o de que todos gostam, ou como se só os homens brancos importassem, o que talvez seja um resquício ou uma ressaca dos feios tempos em que o voto era privilégio dos homens brancos. É uma forma de autoconfiança que beira a loucura, pois uma das definições da loucura é a incapacidade de distinguir entre os sentimentos subjetivos e a realidade objetiva.

Ryan Lizza, que foi demitido da revista *New Yorker* por comportamento sexual inadequado não revelado, tuitou: "A captação de recursos da campanha de Kamala Harris mostra como são impressionantes os resultados da captação de recursos de Pete Buttigieg" — sendo que os resultados dela eram quase o dobro dos dele. E aqui talvez também seja relevante saber quem tem dinheiro para doar para as campanhas e por que os homens brancos sempre foram empurrados para a frente e as mulheres negras sempre foram puxadas para trás. Um fato notável das eleições de 2016 é que alguns dos principais comentaristas cuja misoginia ajudou a definir o caráter da disputa — incluindo Matt Lauer, Charlie Rose, Mark Halperin e Glenn Thrush — foram mais tarde acusados de abuso ou assédio sexual; isto é, o preconceito que exibiram publicamente corria em paralelo com uma conduta abominável na vida privada. Bill O'Reilly e Roger Ailes, ambos da Fox, já tinham sido desmascarados; chefes de emissoras, diretores e produtores de TV que também foram denunciados como autores de abusos sexuais recorrentes estão encarregados da nossa narrativa dominante.

Já o *New York Times*, em toda a sua insuportável grandeza, publicou uma frase digna de prêmio num artigo sobre o fato de que Joe Biden não apresentou a Anita Hill um pedido de desculpas que ela considerasse adequado: "Muitos ex-assessores do Comitê Judiciário e outras pessoas envolvidas não quiseram dar declarações públicas porque temiam que examinar a conduta passada de Biden iria prejudicar a campanha deste candidato que, segundo alguns, pode ter melhores chances de derrotar o presidente Trump, cuja forma de tratar as mulheres é um grande problema para os democratas". Creio que a tradução disso é: "Vamos escolher um cara cuja forma de tratar as mulheres é problemática, mas vamos ignorar isso porque, mesmo assim, achamos que ele tem melhores chances de derrotar o cara cuja forma de tratar as mulheres é problemática. E, além disso, foda-se essa questão da forma como tratam as mulheres, especialmente essa mulher negra".

Às vezes, esses caras brancos que têm uma plataforma política enorme dizem idiotices, como fez James Comey ao reclamar de que Amy Klobuchar, sua antiga colega de classe, era "irritantemente inteligente", talvez porque as mulheres não devam ser assim, na sua visão de mundo. Outro homem teve a ousadia de me explicar que "os nerds, as pessoas realmente inteligentes, acabam não sendo estrelas da mídia, como é necessário para conquistar a presidência. Hillary Clinton, por exemplo — superinteligente, conhece os fatos, mas passa a impressão de ser convencida e sabe-tudo. Também sinto isso em relação a Kamala Harris". Ou seja, ele assume que essas são mulheres que sabem demais, e o defeito de caráter é delas, não dele. Esse modo de pensar, em que a inteligência é uma qualidade no homem e um defeito na mulher, é bem conhecido — terrivelmente bem conhecido.

Uma amiga minha postou alguns elogios a Elizabeth Warren e um homem logo pulou em cima, dizendo: "É um assunto que não adianta discutir, porque ela não vai ganhar a eleição. Com sorte, Bernie Sanders é capaz de ganhar". Já ouvi muitos homens brancos explicarem que Warren não pode vencer porque ela é uma sabe-tudo, muito detalhista com política; e quando eu menciono que nossos dois últimos presidentes democratas, Obama e Clinton, eram conhecidamente detalhistas com assuntos políticos, sou obrigada a ouvir que eles tinham carisma e Warren não tem. Bom, sou uma mulher de meia-idade e, possivelmente, muito detalhista com assuntos de política, ou pelo menos repleta de informações obscuras e palavras difíceis; assim, acho Elizabeth Warren, digamos, magnífica, e se aquela palavra "representatividade" já não tiver morrido, como espero, acho isso dela também. Quando ela fala sobre desmantelar as grandes empresas de tecnologia, ou pede o impeachment com uma voz cheia de convicção, ou apresenta mais um dos seus planos bem elaborados para mudar o mundo — tudo isso é forte, convincente e exatamente o que eu espero ver em um líder. Para mim, Kamala Harris interrogar Jeff Sessions e Brett Kavanaugh e fazer os dois tremerem de medo é fascinante, poderoso e bastante habilidoso — o que talvez seja a definição de "carismático".

Mas sou mulher, então sempre tive consciência de que aquilo de que eu gosto não é o de que todo mundo gosta. Afinal, outra amiga contou que um homem lhe disse que a voz de Elizabeth Warren "me faz brochar" — aparentemente, a elegibilidade está vinculada a uma faísca de alegria no pênis, reservada a um gênero. Isso me lembra Kanye West dizendo, a respeito do seu boné MAGA ("Make America Great Again"): "Esse boné me dá poder, de certa forma. Meu pai e minha mãe se separaram, então não tive muita energia masculina em casa. Alguma coisa aconteceu quando coloquei esse boné na cabeça que me fez me sentir como o Super-Homem". Kanye West não é branco, mas é um campeão do preconceito inconsciente com sua ideia masculina, muito comum, de que um presidente ou um candidato à presidência deve exercer o mesmo efeito que o Viagra; e me faz lembrar que a eleição de 2016 por vezes parecia um referendo sobre a capacidade de ereção dos candidatos.

O problema, como a filósofa feminista Kate Manne colocou recentemente, é que aquilo que dizemos agora não é apenas um comentário sobre o que é possível, mas determina o que é possível. Disse ela: "Se tivéssemos certeza de que um candidato não conseguiria derrotar Trump, isso seria motivo para não dar apoio a ele ou ela. Mas a elegibilidade não é um fato social estático; é um fato social que estamos construindo. Se alguém se torna inelegível é também porque as pessoas o abandonam de uma maneira prematura em vez de entrarem no ringue para lutar por ele". Vemos também que muitos órgãos de imprensa se esforçam para relacionar as candidatas mulheres umas às outras com uma linguagem negativa. "Como Elizabeth Warren evita repetir Hillary Clinton — ser descartada como nada simpática antes de sua campanha decolar", tuitou a *Politico*. "Não acredito que Elizabeth Warren está perdendo para esses caras" foi a manchete de um artigo da *Jacobin* vinculando Warren ao fracasso.

O que torna um candidato elegível é também a cobertura positiva que ele consegue da imprensa; e essa cobertura positiva depende de como os poderosos da mídia decidem quem é elegível; e eis que surge um loop de feedback. Perry Bacon Jr., do portal FiveThirtyEight, escreve:

> Como os EUA são um país majoritariamente branco e um número significativo de americanos tem opiniões negativas sobre as pessoas não brancas e as mulheres, uma forte ênfase na elegibilidade pode significar um incentivo a qualquer candidato que não seja homem, branco e cristão a não concorrer, nem entrar na disputa — ou então concorrer só se estiver disposto a ignorar ou minimizar as questões que envolvem sua identidade pessoal.

Mas, se um partido é composto majoritariamente de mulheres e pessoas não brancas, será que continuam prevalecendo os mesmos fatores? Não deveria existir uma situação em que os homens brancos não teriam tanta importância?

O preconceito inconsciente está concorrendo à presidência. Quem defender um candidato que não é branco nem homem precisará competir não só contra os rivais oficiais, mas também contra o ônus da desigualdade e do preconceito, num campo de jogo tão "nivelado" quanto uma cadeia de montanhas. Não é impossível de superar, longe disso; mas há um trabalho extra a ser feito. Afinal, "trabalho igual, salário igual" é uma coisa que ainda não existe, porque uma pessoa que não é branca, nem é homem, nem é hétero precisa realizar todo esse trabalho extra e enfrentar todos esses obstáculos extras.

A exclusão dos eleitores começa em casa

A organizadora progressista Annabel Park contou uma história que me fez refletir. "Não consigo parar de pensar numa mulher que conheci quando fui bater de porta em porta fazendo campanha para o Beto O'Rourke em Dallas", escreveu Annabel nas redes sociais alguns dias antes das eleições de 2018 para o Senado e a Câmara, quando O'Rourke desafiou Ted Cruz, senador republicano do Texas.

Ela morava num apartamento em um conjunto residencial de baixa renda. Depois que bati algumas vezes ela abriu a porta, com o marido logo atrás. Ela parecia petrificada, e o marido, ameaçador. Quando comecei a falar em favor de Beto O'Rourke, candidato ao Senado, o marido berrou: "Não estamos interessados!". Ela olhou para mim e moveu os lábios, sem emitir som: "Eu apoio o Beto". Antes que eu pudesse responder, ela logo fechou a porta.

Annabel me disse depois: "Isso não me sai da cabeça. Será que ela apanhou dele depois? Esse era o meu medo".

Existe uma forma de intimidar os eleitores que é muito difundida, porém não reconhecida. São os maridos que intimidam, silenciam e controlam suas esposas, conforme o depoimento que ouvi de dezenas de voluntários que fazem campanha de porta em porta em todo o país. Certas esposas perguntavam diretamente ao marido em quem eles iam votar. Muitas pareciam assustadas, acovardadas. O marido atende a porta e não deixa a esposa falar com os voluntários; ou então começa a gritar, interrompendo o que a esposa diz; ou afirma que ela vai votar nos republicanos, embora ela seja registrada como democrata; ou insiste que não há nenhum democrata na casa, porque ela nunca lhe contou que era democrata. Uma amiga em Iowa me disse: "Perguntei à mulher que atendeu à porta se ela já tinha decidido em quem votar, e um homem apareceu atrás dela e disse, bruscamente: 'Sou republicano'. E fechou a porta na minha cara sem me dar a chance de dizer nada".

Outra amiga relatou: "Uma mulher em Michigan a quem mandei uma mensagem no celular respondeu: 'Não tenho permissão' para votar nesse candidato". Muitos voluntários me disseram que essas experiências são comuns. Não fiquei sabendo de nenhuma história com o fenômeno inverso — esposa dominando o marido, nem tampouco marido forçando a esposa a votar no candidato democrata. É óbvio que conversei com pessoas fazendo campanha para os democratas, e sei que a violência doméstica ocorre em todo o espectro político, mas o comportamento que me relataram se destinava sobretudo a obrigar a esposa a votar na direita, ou então simplesmente não votar. (Apesar de esse comportamento também existir na esquerda, nenhum caso do tipo me foi relatado como questão doméstica.)

"A esposa me viu e pulou da mesa correndo para me interceptar na porta antes que eu batesse", me disse uma voluntária da Califórnia. "Sem dizer palavra, a mulher estendeu os braços suavemente, com as palmas das mãos voltadas para mim, e fez gestos como se dissesse: 'Não, obrigada, por favor, vá embora sem fazer barulho'." Essa foi uma das muitas mulheres que pareciam ter medo do marido.

Fazer campanha de porta em porta, como já fiz várias vezes no norte de Nevada desde 2004, é uma experiência extraordinária. Você vê na sua frente os dados demográficos se apresentando como rostos de verdade, histórias reais, gramados descuidados ou bem-cuidados; você vê as subdivisões e as favelas, vê pessoas que têm clareza acerca da próxima eleição, ou estão furiosas, ou indiferentes, ou confusas. Você encontra as pessoas ali onde elas vivem, e algumas vivem em cativeiro, vivem com medo, vivem subjugadas. A "violência" que existe na violência doméstica é mais bem definida como um subconjunto disso que hoje se chama "controle coercitivo": a tentativa de dominar alguém por meios psicológicos — que também podem ser financeiros, físicos, sociais, políticos —, impedindo que a pessoa participe das atividades do mundo em geral, tenha opiniões próprias, exerça poder sobre seu próprio corpo, sua vida, suas finanças, suas verdades. Faz todo o sentido que isso se aplique ao direito de votar, já que pode se aplicar a tudo e qualquer coisa.

O único artigo a respeito que consegui encontrar, escrito por Danielle Root, observa:

> Uma das táticas mais comuns usadas pelos agressores domésticos contra as sobreviventes é isolá-las da família, dos amigos e dos vizinhos. […] Além disso, o agressor em geral restringe ou monitora o acesso da sobrevivente ao mundo exterior via telefone ou internet. […] O isolamento é especialmente problemático para quem sofre violência por parte do parceiro íntimo e deseja votar.

Ela acrescenta: "As campanhas eleitorais também representam uma ameaça para aquelas que sofrem violência por parte do parceiro íntimo".

Minha amiga Melody, em Nevada, parou numa casa onde um homem, sem desligar o soprador de folhas, berrou para ela, mais alto que o motor: "Esta casa é VERMELHA!* É uma casa REPUBLICANA!". Melody me contou:

> Falei que vim falar com Donna. "Não, ela não quer falar com você". Penso em dizer: "Parece que esta casa é meio *roxa*, já que Donna é democrata". Mas depois penso: "Talvez ele não saiba. Talvez a mulher simplesmente entre na cabine e vote como quer, sem contar a ele". Mas e se ela não for a uma cabine de votação? E se eles preenchem as cédulas dos votos por correio na mesa da cozinha? Ele vai fiscalizar o voto dela? Será que ela tem medo de preencher a cédula conforme seus próprios desejos, e não os dele?

Emily Van Duyn escreveu no *Washington Post* sobre grupos secretos de mulheres democratas no Texas:

> Muitas continuam escondidas porque querem evitar conflitos sociais e até têm medo de ser abertamente progressistas dentro da sua comunidade. A experiência de medo e intimidação dessas mulheres vai contra os pressupostos da democracia nos Estados Unidos. Ou seja, numa democracia liberal de verdade as pessoas deveriam poder expressar suas opiniões, sem medo de retaliação. A opção dessas mulheres de se envolver e continuar na clandestinidade também nos desafia a reconsiderar o privilégio de poder agir politicamente em público. E também considerar que as coisas que vemos na superfície das nossas vizinhanças — as placas no gramado, os adesivos de para-choque — não contam a história toda.

---

* O vermelho é a cor dos republicanos; o azul, dos democratas. (N. T.)

Ninguém sabe até que ponto essa dominação relatada pelos militantes consegue impedir as mulheres de votar de acordo com suas próprias convicções e prioridades ou sequer de simplesmente votar; também não sei dizer se isso acontece numa escala capaz de afetar os resultados das eleições. É evidente que há muitas mulheres de direita votando com entusiasmo nos conservadores da sua escolha, mas, quando notamos a enorme diferença de gênero entre democratas e republicanos ou ouvimos as numerosas histórias dos ativistas que fazem campanha de porta em porta, percebemos que existem muitos casamentos entre mulheres democratas e homens republicanos, e há muitos homens republicanos decididos a controlar a expressão política da esposa. Já houve outros tipos de perseguição em público e nas redes sociais, tanto da esquerda quanto do centro e da direita, mas essa opressão no âmbito da vida íntima me parece, a partir das histórias que coletei e dos ativistas com quem conversei, ser principalmente um fenômeno conservador; e, como os conservadores são em maioria brancos, é provável que também seja um fenômeno dos brancos (embora o controle coercitivo exista em todas as raças e todas as orientações políticas).

Esse problema se relaciona com o direito de votar, independentemente de influenciar ou não os resultados, e também nos lembra que muitas mulheres não têm liberdade e igualdade na sua vida doméstica. Outro ativista relatou o que disse um desses maridos, dessa vez em Turlock, na Califórnia: "E se a minha mulher precisa saber em quem votar, vou levá-la pra dentro e lhe dar uma surra". Falou meio brincando, meio não brincando. Uma voluntária me disse: "Várias mulheres republicanas já entraram em contato comigo em particular para perguntar se o marido seria capaz de descobrir em quem ela votou". Outra me contou que um marido confiscou as cadeirinhas para carro, de modo que a esposa não pudesse sair de casa com as crianças para ir votar.

Essa situação tão feia e tão comum levanta outra questão: sobre a prática cada vez mais recorrente de preencher as cédulas em casa e enviá-las pelo correio. É preciso perguntar se isso anula a privacidade da cabine de votação e a capacidade das mulheres, assim como de outros membros da família, de agir de acordo com suas convicções, sem temer as consequências. Isso nos lembra por que a longa luta das mulheres pelo direito ao voto, tanto nos Estados Unidos como em outros países, foi algo tão radical. Insistir no direito das mulheres ao voto era o mesmo que insistir em que devemos ser participantes iguais e independentes na vida pública, com o direito de agir em nosso próprio nome e segundo nosso próprio interesse. E antes de o voto pelo correio ser difundido, a votação era literalmente um ato realizado em público, em meio a outros membros do público — um rito de cidadania que parece estar desaparecendo, assim como tantas outras coisas da vida pública.

O movimento pelo sufrágio feminino entrava em choque com as leis que definiam a mulher como sendo, em suma, uma propriedade ou uma tutelada do marido, o qual tinha o direito de controlar seu corpo, seu trabalho, seus ganhos e seus bens. Também entrava em choque com os costumes, que ditavam que a esfera da mulher era vida privada e que papel era a deferência e a obediência ao homem da casa. "Quem decide é ele" — eis uma frase que ouvi muitas vezes nos relatos dos ativistas.

A agenda dos conservadores é, obviamente, o que se poderia chamar de desigualdade no casamento, um relacionamento assimétrico no qual os homens detêm a maior parte do poder. O direito de votar de acordo com a sua própria consciência e suas próprias prioridades não é de fato tão diferente do direito de controlar seu próprio corpo ou de ter igual acesso ao trabalho e direitos iguais no local de trabalho. É um direito que nos cabe, já que as leis dizem que somos todos iguais. Mas não somos. Assim como as inúmeras medidas dos republicanos para impedir que os cidadãos votem em ampla escala — verificação da identidade por meio do programa Crosscheck, apresentação de documentos, restrições aos locais e horários de votação —, essa tirania doméstica é uma tentativa de limitar quem decide o que este país deve ser.

As mentiras se tornam leis

As leis antiaborto são construídas em cima de mentiras antiaborto. Mentiras sobre questões como quem faz abortos e por quê, o que ocorre num aborto, como funciona o corpo da mulher e como o feto se desenvolve. Essas mentiras abrem caminho para as leis.

Existem as mentiras antigas, como as que sugerem que as mulheres que fazem aborto são imorais, descuidadas e odeiam crianças (51% dos abortos são feitos por mulheres que estavam usando métodos anticoncepcionais no mês em que engravidaram; 59% são feitos por mulheres que já são mães; 75% são mulheres pobres e de baixa renda; 100% das gestações indesejadas envolvem homens). Ultimamente começou a circular uma nova e gigantesca mentira: que as mulheres e os médicos estão conspirando para matar os bebês ao nascer e depois chamar isso de aborto. É uma mentira que incentiva os conservadores a considerar as mulheres grávidas e os profissionais da saúde assassinos cruéis, que deveriam ser cerceados por muitas e muitas leis. Se as diversas mentiras antigas sobre o aborto são distorções e exageros, essa mentira é totalmente inventada, além de perigosa.

Em um comício no fim de abril de 2019 em Wisconsin, Donald Trump disse: "O bebê nasceu. A mãe vai se encontrar com o médico. Eles dão um jeito no bebê. Eles embrulham o bebê lindamente, e então o médico e a mãe determinam se vão executar o bebê ou não". (A situação mais próxima desse cenário fantasioso é quando nasce um bebê com as chamadas "condições incompatíveis com a vida" e, a critério dos pais, recebe apenas cuidados paliativos em vez das intervenções, com frequência duvidosas, que vão adiar, mas não impedir a morte da criança.) Ainsley Earhardt, apresentadora da Fox, ampliou a mentira, dizendo: "Acho que o tiro saiu pela culatra para os democratas quando eles disseram que se pode fazer um aborto mesmo depois que o bebê já tiver nascido, ou matar o bebê depois que ele nascer". Essa maneira de ver as coisas ajuda a formular a ideia de que o aborto feito em qualquer estágio e por qualquer motivo é um assassinato.

E o que é crucial: essa nova mentira pode ter contribuído para uma situação em que os legisladores dos estados de Geórgia e Alabama estavam dispostos a criminalizar os profissionais da saúde e a sujeitá-los a novos tipos de investigação policial. Segundo uma nova lei do Alabama, como disse a CNN: "Qualquer médico condenado por realizar um aborto no estado seria um criminoso classe A — o nível mais alto do Alabama". A ideia de que aborto é assassinato já foi usada para justificar assassinatos reais: em 31 de maio de 2019 fez dez anos que o dr. George Tiller, realizador de abortos em Wichita, no Kansas, foi assassinado; no final de 2015, um homem branco com histórico de violência doméstica entrou atirando num centro de planejamento familiar no Colorado, matando três pessoas e ferindo várias outras. O atirador se declarou "um guerreiro em defesa dos bebês". Os centros de planejamento familiar oferecem o aborto como uma pequena parte dos seus serviços e também os previnem, uma vez que atuam como os principais prestadores de serviços de saúde reprodutiva do país, incluindo contracepção e educação sexual.

Na época em que o mito do infanticídio estava sendo propagado, o congressista Steve Scalise, republicano da Louisiana, tinha no topo do seu site oficial um "rastreador da alta hospitalar dos bebês nascidos vivos". Isso faz parte de uma campanha que sugere que os abortos resultam regularmente em bebês nascidos vivos — ou seja, fetos viáveis que são assassinados ou deixados para morrer. Na realidade, a imensa maioria dos abortos ocorre antes que o embrião ou o feto seja viável fora do útero; os abortos que resultam em fetos vivos são raríssimos, mas existem leis federais e estaduais que regulam esses casos — muitas vezes formuladas de maneira a fazê-los parecer mais comuns, e as consequências, mais homicidas.

Há outra mentira embutida em muitos dos novos projetos de lei: a ideia de que essas leis vão impedir o aborto de fetos com batimentos cardíacos. De fato, as chamadas "leis do batimento cardíaco fetal" também se aplicariam a embriões que ainda não se tornaram fetos e cujas células ainda não se tornaram órgãos complexos, incluindo um coração totalmente formado.*

Com seis semanas de vida, o embrião tem um centímetro de comprimento. Segundo a dra. Colleen McNicholas, obstetra

---

* Este ensaio foi publicado originalmente no *The Guardian*, que anunciou logo depois que o jornal não usará mais o termo "lei do batimento cardíaco" em referência às proibições restritivas ao aborto que estão passando pelas legislaturas estaduais nos Estados Unidos. "Queremos evitar uma linguagem médica imprecisa e enganosa ao cobrir os direitos reprodutivos das mulheres", disse o editor-chefe do *The Guardian* nos EUA, John Mulholland. "Essas são proibições arbitrárias que não refletem o desenvolvimento fetal — e a linguagem que as descreve é muitas vezes motivada pela política, e não pela ciência." (N. A.)

e ginecologista, "dizer que uma gravidez de seis semanas carrega um feto é incorreto". Ela explicou ao Huffington Post: "Nesse momento, são apenas dois tubinhos com um par de camadas de células cardíacas que podem vibrar ou causar algum tipo de movimento; é a isso que nos referimos, de forma informal, como batimento cardíaco fetal". Esses projetos de lei parecem intencionalmente planejados para influenciar a imaginação pública, e não para registrar com precisão o desenvolvimento no útero. Apesar disso, a lei da Geórgia serve, supostamente, para "informar as mulheres que procuram um aborto sobre a presença de um batimento cardíaco humano detectável".

Alguns temem que as novas leis possam levar a uma criminalização mais ampla do aborto espontâneo. Até o momento, existem cerca de mil casos de mulheres cujos abortos espontâneos foram criminalizados; o site feminista Jezebel relatou recentemente: "Mulheres negras e mulheres de baixa renda têm mais probabilidade de ser detidas por essas acusações relacionadas à gravidez". Até 20% das gestações conhecidas, ou talvez a metade de todas as gestações, segundo um estudo de 2018, podem resultar em aborto involuntário. Criminalizar o aborto espontâneo significa que toda mulher capaz de engravidar, se tiver relações sexuais com homens, corre o risco de ser punida criminalmente devido a um evento biológico comum e fora do seu controle. Nesse universo, é concebível que, se as autoridades souberem que você está grávida, graças ao histórico das visitas médicas (ou ainda a aplicativos de fertilidade), você corre o risco de ser acusada pelo "crime" de ter um aborto, seja provocado ou espontâneo, o que levaria muitas mulheres a não procurar os serviços de saúde. Em junho de 2019, uma mulher do Alabama que foi baleada no estômago no final de 2018 foi presa por homicídio culposo porque seu feto de cinco meses morreu. A mulher que atirou nela não foi indiciada; o argumento foi que a culpa era da grávida (uma mulher pobre, negra), por ter entrado numa briga. As acusações foram depois retiradas.

Tal como as novas leis de muitos outros estados, a lei da Geórgia proíbe o aborto em um estágio da gravidez tão inicial que muitas mulheres nem sequer sabem que estão grávidas. Se descobrirem, terão que agir rapidamente para não passar do prazo-limite, e é óbvio que o fechamento de clínicas e os demais obstáculos, como os longos períodos de espera e outras medidas, geram atrasos. Assim, o aborto continuará disponível, porém em termos cada vez mais impossíveis, devido a leis motivadas por histórias sobre coisas que, na realidade, simplesmente não acontecem.

Alguns abortos são realizados para finalizar o processo de um aborto espontâneo, a fim de proteger a vida da mãe; na Irlanda, o plebiscito de 2018 que anulou a proibição do aborto foi motivado, em parte, pela morte de uma mulher, a dra. Savita Halappanavar, que estava tendo um aborto espontâneo. Foi-lhe negado um aborto clinicamente necessário enquanto houvesse batimentos cardíacos fetais, mesmo que o feto fosse morrer de qualquer maneira. O resultado foi a morte por uma infecção fatal. Ela desejava o filho; ela queria viver; sua morte foi cruel e desnecessária. A Irlanda foi às urnas para anular a proibição, com uma vitória arrasadora.

Enquanto isso, o Texas está em vias de aprovar uma lei que vai transformar as mulheres em caixões vivos, obrigadas a continuar gestando um feto moribundo, ou sem possibilidade de viver, até o fim da gravidez. O Texas Tribune relata:

> O Senado do Texas aprovou na terça-feira um projeto de lei que proíbe o aborto com base no sexo, na raça ou na incapacidade de um feto e criminaliza os médicos que realizam o que a oposição chama de "aborto discriminatório". A atual lei do Texas proíbe o aborto após vinte semanas de gravidez, mas há certas exceções, como quando a gravidez não é viável ou o feto apresenta anorma-

lidades "graves e irreversíveis". O Projeto de Lei 1033 do Senado acabaria com essas exceções.

Parece improvável que alguém esteja buscando um aborto por causa da raça do bebê, mas isso se insere no mito de que o aborto faz parte de uma campanha eugênica, e Clarence Thomas, juiz da Suprema Corte dos Estados Unidos, recentemente fez essa acusação. O *Washington Post* citou "sete estudiosos do movimento eugênico; todos disseram que o uso feito por Thomas desse movimento histórico estava coalhado de erros". Já o aborto seletivo devido ao sexo do bebê é tão comum na Ásia que na China e na Índia existe uma desproporção entre o número de homens e mulheres na população mais jovem, mas não há provas de que nos Estados Unidos esse fator represente uma porcentagem significativa de procedimentos.

Às vezes os legisladores — majoritariamente brancos, majoritariamente homens — que empurram essas mentiras para o público parecem ser estrategistas, destituídos de moral. Às vezes parecem apenas idiotas. A NBC informa: "O novo projeto de lei atualmente apresentado pelos republicanos no estado de Ohio pretende impedir os médicos de seguir os protocolos de atendimento em casos de gravidez ectópica com risco de vida" — ou seja, quando um óvulo fertilizado se implanta fora do útero — "e proibir os planos de saúde de cobrir esse procedimento, chamando-o de aborto, e obrigando-os, em vez disso, a cobrir um procedimento de reimplante do óvulo, quer a mulher deseje ou não". O problema é que não se pode salvar uma gravidez ectópica, mas ao adiar o aborto joga-se com a probabilidade de que a mãe vá morrer. Portanto, este é um projeto de lei destinado a obrigar um procedimento que não existe, a fim de salvar um embrião ou feto sem chances de sobreviver, e arriscando a vida da mãe, que pode ser salva. Isso não é ser pró-vida; é ser pró-mentira.

Às vezes as próprias leis envolvem mentiras, pura e simplesmente: em março de 2019, o governador da Dakota do Norte assinou uma lei que exige que os médicos digam às pacientes que o aborto induzido por drogas é reversível, e em 25 de junho de 2019 a American Medical Association (AMA) entrou com uma ação judicial contra o estado porque essa lei exige que os prestadores de serviços médicos façam "uma afirmação evidentemente falsa e não comprovada, sem embasamento científico". A ação também se refere a outra lei da Dakota do Norte que, segundo a AMA, "obriga os médicos a dizer às pacientes que o aborto põe fim à 'vida de um ser humano inteiro, independente, único e vivo' — uma mensagem controversa, ideológica e não médica — e que, desobedecendo à Constituição, obriga os médicos a agir como porta-vozes do Estado".

Michelle Alexander tocou num ponto bastante importante no *New York Times* há pouco tempo: todo esse falatório sobre a permissão de aborto em caso de estupro significa apenas que uma vítima de estupro que queira abortar terá que provar que foi estuprada. Dado que raramente os homens são condenados por estupro e que esse processo legal é lento, invasivo e hostil às vítimas, pode-se imaginar que esse feto, resultado de um estupro, vai chegar à idade da pré-escola, ou talvez do jardim de infância, ou possivelmente à faculdade de direito antes do término do processo judicial. O *Houston Chronicle* publicou uma reportagem recente sobre um pastor batista preso por estuprar repetidamente uma adolescente da sua família, durante um período de dois anos. A criança tinha treze anos quando os abusos começaram. O jornal informou que a prisão ocorreu logo depois que o pastor testemunhou a favor da "fracassada Lei 896 da Câmara, que iria abolir os abortos no Texas e abrir a possibilidade de os promotores acusarem de homicídio criminoso a mulher que se submete a esse procedimento. Conforme as leis atuais do Texas, esse crime pode ser punido com a pena de morte".

Essa é mais uma maneira de invadir a vida das mulheres e eliminar seus direitos. Isso coloca a vida da mulher nas mãos das autoridades policiais e complica as decisões médicas com burocracias e regulamentos. E, de acordo com a lei do Alabama, não há isenção nem para casos de incesto e estupro: assim, uma menina de onze anos estuprada pelo próprio pai será condenada a enfrentar os nove meses de gravidez, com todos os riscos à saúde que isso implica, além do horror da situação. E o Alabama é um dos dois estados americanos que não anulam os direitos paternais dos estupradores, de modo que a vítima pode ficar ligada, de alguma forma, ao estuprador por toda a sua vida se não interromper a gravidez. (Metade dos estados exige uma condenação por estupro para rescindir os direitos paternais e, considerando que apenas 2% ou 3% dos estupros resultam em condenação, isso na prática não significa nada para as vítimas.) O pastor batista preso no Texas supostamente cometeu seus crimes contra a criança vários anos antes. A lei chegou atrasada para defendê-la.

Os ativistas dos direitos reprodutivos já demonstram há décadas que seria mais fácil acreditar que os políticos antiescolha (isto é, antiaborto) se importam com a vida dos bebês se eles apoiassem a saúde pré-natal, a saúde materna, o desenvolvimento e a educação na primeira infância e outros recursos que dão suporte ao bem-estar das mães e das crianças. Mas podemos ir além disso. Em 2001, dois acadêmicos publicaram uma análise no *Journal of the American Medical Association* demonstrando que "o homicídio era, de fato, a principal causa de mortalidade durante a gravidez e no primeiro ano pós-parto, representando uma em cada cinco mortes. Simultaneamente, um estudo no *Journal of Midwifery & Women's Health* constatou que 43% das mortes maternas na cidade de Washington ao longo de oito anos foram causadas por homicídio".

Uma maneira fundamental de enfrentar esse problema seria

o controle de armas, mas é bem nítido que as leis contra o aborto e as leis contra o controle das armas são propostas pelas mesmas pessoas, e juntas essas duas posições parecem favorecer o poder ilimitado e irrestrito dos homens, os quais possuem e usam armas (e matam pessoas) em proporções muito mais altas do que as mulheres. Em 2017, o centro de pesquisas Pew relatou que "os homens brancos têm maior probabilidade de ser donos de armas: cerca de metade (48%) afirma possuir uma arma, em comparação com cerca de um quarto das mulheres brancas e dos homens não brancos (24% cada) e com 16% das mulheres não brancas".

Os contrários ao aborto já sugeriram diversas vezes que uma gravidez indesejada, não planejada, é algo que mulheres perversas fazem sozinhas, por conta própria. Há casos de gravidez intencional e desejada alcançada através de doadores de esperma e fertilização in vitro, mas praticamente todas as demais resultam do fato de que uma pessoa injetou esperma em outra pessoa que tem óvulos através de uma penetração sexual vaginal. Pode haver casos em que o descuido é dela; há casos em que o descuido é dele; há casos em que mesmo precauções cuidadosas falham; e há gestações desejadas que acabam dando terrivelmente errado.

O que nunca se discute é como tudo isso é nebuloso, uma vez que as mulheres com frequência são seduzidas, pressionadas e enganadas para permitir, em decorrência do prazer peniano, uma penetração sexual desprotegida que pode resultar em gravidez. Acabo de ouvir, na semana passada, mais uma história de um homem que violou o acordo de usar camisinha.* A ideia de respon-

---

* Entre as acusações de abuso sexual feitas em 2010 contra Julian Assange, uma foi por violar o acordo de usar preservativo, com ambas as mulheres em questão. Alexandra Brodsky, pesquisadora jurídica feminista, escreveu, em 2017: "A retirada não consensual do preservativo durante a penetração sexual expõe a vítima a riscos físicos de gravidez e doenças e, segundo as entrevistas evidenciam, é considerada por muitas mulheres uma grave violação da sua dignidade e autonomia.

sabilizar o homem por uma gravidez indesejada está começando a se firmar em alguns setores. Imagine se as pessoas que penetram fossem consideradas tão responsáveis quanto as que são penetradas. Não se sabe onde isso iria parar, já que a decisão de terminar a gravidez deve pertencer à pessoa que está grávida e, é óbvio, o objetivo não deve ser criminalizar ninguém. Mas reconhecer que ninguém engravida sozinha e que muitas ocorrências de gravidez são de responsabilidade mútua da pessoa com espermatozoides e da pessoa com óvulos é uma perspectiva que está ganhando força, capaz de mudar a história, ou melhor, abalar as histórias misóginas que sustentam a posição antiaborto.

Uma história extraordinária foi noticiada há pouco. "Um relatório policial diz que um político do sul do Mississippi deu um soco na cara da esposa quando ela não se despiu com rapidez suficiente quando ele queria fazer sexo." Supostamente, o deputado republicano Doug McLeod causou hemorragia no nariz da esposa, que perdeu sangue em cima da cama e no chão do quarto e fugiu, e a polícia foi chamada. (Segundo ele, os relatórios descaracterizam o que aconteceu.) É difícil considerar o tipo de sexo que ele pretendia ter como consensual, se uma esposa amedrontada foi punida por não obedecer às suas ordens com entusiasmo suficiente. Aí temos uma pequena amostra do tipo de casamento em que as mulheres têm muito pouca autodeterminação em re-

---

Essa retirada do preservativo, conhecida popularmente como 'stealthing', pode ser entendida como algo que transforma o sexo consensual em sexo não consensual". Um relatório australiano de 2019 concluiu que uma em cada três mulheres e um em cada cinco homens que fazem sexo com homens já foram vítimas da retirada não consensual do preservativo. E o relatório observa: "Constatou-se que as mulheres que sofrem violência de um parceiro íntimo têm duas vezes mais chances de que seu parceiro recuse a contracepção, duas vezes mais chances de ter uma gravidez não planejada, três vezes mais chances de dar à luz quando adolescente e bem mais chances de ter cinco ou mais filhos". (N. A.)

lação ao seu corpo, um casamento em que a decisão da mulher de usar métodos anticoncepcionais ou de abster-se de fazer sexo no período fértil pode ser suplantada pelo homem. Pesquisei a atuação desse legislador, Doug McLeod; como não podia deixar de ser, ele já havia apresentado uma lei antiaborto baseada nos "batimentos cardíacos fetais".

Os direitos reprodutivos são o que faz com que as mulheres em idade fértil sejam capazes de participar plenamente da vida pública e econômica, de ter a mesma soberania sobre seu corpo que os homens têm e dão como certa, de serem livres e iguais. Acredito que o ódio ao aborto vem geralmente do fato de que ele proporciona às mulheres uma autonomia e uma liberdade equivalentes às dos homens, e esse ódio é expresso por pessoas que não demonstram nenhum interesse pela saúde dos bebês nem pelo bem-estar das crianças. Nem das mulheres. E, a esta altura, também não demonstram interesse pela ciência, pelos fatos, nem pela verdade. E as mentiras que eles contam abrem o caminho para as suas leis.

A notícia da queda dos homens foi muito exagerada

Sobre Kavanaugh, Ghomeshi e quem consegue contar a história

Um espécime-tipo é, na biologia, a primeira versão oficialmente nomeada de uma planta ou um animal, que passa a representar as características daquela espécie no imaginário popular. Descobri, ao longo dos anos, que as pessoas também dizem frases que são espécimes-tipo. São afirmações reativas que incorporam uma visão de mundo ou uma falácia, ou a maneira como uma visão de mundo está repleta de falácias como um porco-espinho está repleto de espinhos. O valor dessas afirmações é demonstrar, de forma elucidativa e drástica, como funcionam algumas mentes, ou como algumas convicções agem sobre nós, ou por que existe tanta merda e tanta loucura no mundo.

Em 13 de setembro de 2018, um homem proferiu um espécime-tipo tão perfeito de misoginia, com toda a sua maluquice, perfídia e autoilusão, que fiz uma captura de tela, como se fosse inserir a frase no registro de tipos biológicos. Foi uma boa ideia porque o misógino em questão, depois de defender fervorosamente seu tuíte, o excluiu no dia seguinte.

A afirmação foi sobre a mulher, ainda anônima na ocasião,

que, numa carta a um senador democrata e a uma congressista, disse que havia sofrido abuso sexual de Brett Kavanaugh, então nomeado para juiz da Suprema Corte, mas conseguira escapar, quando ambos estavam no ensino médio. O autor do tuíte foi Ed Whelan, advogado formado por uma escola de elite, que postou às 20h46 da Costa Oeste, quase meia-noite na capital, Washington — se é que ele estava, de fato, na cidade onde trabalha como chefe do Centro de Ética e Políticas Públicas, uma entidade de direita. Ou seja, muito tarde para tuitar sobre política, e podemos especular sobre o que estava passando pela cabeça dele — no pior sentido da palavra "especulação". Assim dizia essa fantasia desvairada sobre a acusadora, então anônima, do seu colega Brett Kavanaugh:

Pergunto-me se a acusadora vai dizer que estava sóbria no momento desse suposto incidente na tal festinha. Se estava bêbada, até que ponto? Disfunção cognitiva, memória prejudicada, identidade equivocada, tudo piorado pela passagem desses 35 anos? (Não estou dizendo, obviamente, que a embriaguez dela justificaria a conduta de outra pessoa.)

O tuíte é magnífico por si só, abordando, na primeira frase, não o que ela disse, mas o que ela poderia dizer caso fosse confrontada, o que já é uma maneira de confrontá-la. Ela vai dizer isso; será que devemos acreditar? Talvez esse advogado se imagine interrogando a mulher e a destruindo diante de um júri.

Na segunda frase ele mudou o foco: em vez de saber se ela iria dizer que estava sóbria, agora ele pergunta qual seria o grau de embriaguez, embora não haja nenhuma base para considerar que ela estava bêbada. Daí ele informa às senhoras e aos cavalheiros do seu júri imaginário sobre todos os efeitos deletérios da embriaguez, incluindo identidade equivocada. Talvez quem acusou Kavanaugh o tenha confundido com outra pessoa... uma confusão que durou 35 anos!

E então, no final do tuíte, ele fala sobre a embriaguez dela como se já fosse um fato comprovado. Parece que ele já se convenceu, com base no seu próprio testemunho — que veio do nada, do seu profundo desejo de forçar a nomeação de Kavanaugh (a qual ele apoiou publicamente de várias maneiras; os dois trabalharam juntos no governo de Bush filho).

É muita coisa para Whelan imaginar acerca de uma mulher de quem ele não sabia nada, exceto o resumo da carta em que ela descreve o abuso de Kavanaugh em uma festa. Como disse a *New Yorker*: "Na carta, ela afirma que Kavanaugh e um colega dele, que haviam bebido, aumentaram o volume da música que estava tocando na sala para abafar os protestos dela, e Kavanaugh tapou sua boca. Ela conseguiu se soltar". E acrescenta: "A mulher disse que essa lembrança tem lhe causado angústia permanente, fazendo-a buscar tratamento psicológico". Depois disso a acusadora, Christine Blasey Ford, se manifestou em público, dizendo ao *Washington Post*: "Sinto que minha responsabilidade cívica está pesando mais do que minha angústia e o terror de uma retaliação". E para que fique óbvio: "Ela disse que cada pessoa tinha tomado uma cerveja, mas Kavanaugh e Judge tinham começado a beber mais cedo e estavam completamente embriagados".

Há tantos elementos de um espécime-tipo no tuíte de Whelan sobre esse incidente que poderíamos colocá-lo no museu da misoginia. A primeira é o velho hábito desses homens de afirmar que não se deve acreditar nas mulheres, mas sim em outros homens. Há uma longa e brutal tradição de afirmar que os homens são dignos de crédito, mas as mulheres não; os homens são objetivos, as mulheres são subjetivas. Esse tuíte é um modelo de como os homens convencem a si próprios de que suas fantasias e ilusões são fatos; é o resultado de um excesso de respeito à sua própria capacidade e às suas próprias qualificações. O fato de que ele não está ciente do que está fazendo — não está ciente da sua subjetividade — é parte do problema; e não apenas neste caso, mas em tantos outros. Em um tuíte posterior ele disse: "Estou espantado ao ver que as muitas pessoas que estão reagindo furiosamente a esse tuíte parecem negar que a embriaguez possa prejudicar as faculdades cognitivas de uma pessoa". Ele está defendendo o que ele gostaria que essas pessoas dissessem, e não o que elas estão dizendo, já que há uma grande diferença entre discutir sobre os efeitos da embriaguez ou sobre o fato de alguém estar embriagado ou não.

O tuíte teria sido um espécime mais exótico se outros bem semelhantes não estivessem despontando de todos os lados, como insetos surgindo de um pedaço de pau podre. Na véspera desse icônico tuíte, o *New York Times* informou sobre uma reunião na CBS a respeito de Les Moonves, então CEO da rede de TV, agora demitido, e as acusações sobre sua conduta:

> "Vamos ficar nesta reunião até a meia-noite, se for preciso, até chegarmos a um acordo de que apoiamos 100% nosso CEO e que não haverá mudança na sua situação", disse um membro do conselho, William Cohen, ex-congressista e senador que foi secretário de Defesa do presidente Bill Clinton, de acordo com membros do conselho que ouviram os comentários e outras pessoas que foram informadas a respeito.
>
> Outro membro do conselho, Arnold Kopelson, de 83 anos, produtor de cinema que ganhou o Oscar de Melhor Filme para *Platoon*, foi ainda mais veemente na sua defesa do sr. Moonves, segundo os conselheiros e os outros envolvidos. "Não me importa se mais trinta mulheres se apresentarem e alegarem esse tipo de coisa", disse Kopelson em uma reunião logo após a teleconferência. "Les é o nosso líder e isso não mudaria a minha opinião sobre ele."

Esses homens poderosos estão dizendo que podem afirmar todos os fatos que quiserem e fazer desaparecer os que não quiserem. Na verdade, esses defensores de Les Moonves estavam organizando reuniões pelas costas de Shari Redstone, outra participante do conselho e acionista majoritária da rede, que levou as acusações a sério. Eles não se importam com os fatos que as mulheres apresentam porque os fatos das mulheres podem simplesmente ser eliminados; e, na verdade, todo o longo arco da justiça que agora veio se abater com toda força nisso que chamamos de #MeToo discute se as mulheres podem estar de posse dos fatos, se alguém vai se incomodar em ouvir esses fatos ou vai acreditar neles, e se, acreditando neles, vão permitir que esses fatos tenham consequências.

No mesmo dia em que saiu o artigo do *New York Times* sobre os defensores de Moonves, o site Buzzfeed publicou o seguinte relato: "Uma ex-atleta da Universidade Estadual de Michigan alegou, em um novo processo, que foi drogada, estuprada e engravidada por Larry Nassar, o infame médico da equipe de ginástica". Ela contou o ocorrido à sua treinadora, que contou ao diretor de atletismo da universidade, e depois contou à polícia do campus. As duas mulheres foram ignoradas; o processo legal afirma: "A acusada, a Universidade Estadual de Michigan, não só tem conhecimento de que o acusado Nassar abusou sexualmente e assediou sexualmente jovens menores de idade como também fez grandes esforços para ocultar essa conduta do médico". Também sabemos que os crimes de Harvey Weinstein eram conhecidos por muita gente na sua produtora cinematográfica, que esses crimes exigiam a cooperação de muitas pessoas — assistentes que atraíam as vítimas e depois as deixavam sozinhas com Weinstein, advogados e altos executivos da empresa que negociavam pagamentos e acordos de confidencialidade, espiões que iam atrás de mulheres que pudessem depor —; exigiam, enfim, um exército de cúmplices.

Imagine se, décadas atrás, a sociedade tivesse ouvido as mulheres. Se assim fosse, as carreiras de Harvey Weinstein, James Toback, Bill Cosby, Les Moonves, Roger Ailes, Bill O'Reilly, Charlie Rose, Matt Lauer, Louis C. K. e tantos outros teriam sido interrompidas. Centenas de vidas humanas seriam melhores, e também o próprio mundo das notícias e do entretenimento em que vivemos poderia ser diferente — e melhor. Jill Filipovic observou, em 2017: "Muitos jornalistas acusados de assédio sexual estavam na linha de frente da cobertura da disputa presidencial entre Hillary Clinton e Donald Trump". Ela observa que "esses homens têm um preconceito profundo contra as mulheres que buscam o poder em vez de se apegar ao status de objeto sexual submisso", e especula sobre como isso influenciou a eleição.

Funcionárias do McDonald's e trabalhadoras rurais da Flórida à Califórnia também têm se manifestado contra o assédio e o abuso sexual onipresentes. Um grupo de faxineiras de escritórios da Califórnia organizou, em setembro de 2018, uma marcha de 150 quilômetros até Sacramento, capital do estado, para dar seu depoimento sobre a injustiça crônica que sofrem. O problema está em toda parte. Os casos de maior repercussão nos fornecem espécimes detalhados para examinar, de modo que podemos compreender melhor a espécie — e é importante reconhecer quão bem ela está distribuída e como afeta as mulheres, desde as que limpam escritórios à noite até as que escrevem roteiros de TV durante o dia.

Durante muito tempo as mulheres que eram agredidas sexualmente tinham os fatos a seu favor, mas os homens que as agrediam e os cúmplices desses homens controlavam a narrativa, e isso incluía definir quem seria ouvido e mereceria crédito. É sob essa luz que o tuíte de Whelan é um perfeito espécime-tipo.

Já bem adiante na narrativa do livro *A menina da montanha*, de Tara Westover, publicado em 2018, a autora retrata o ponto em que sua família — mórmon fundamentalista, semissobrevivencialista, totalmente patriarcal — insiste em negar a realidade da terrível violência e dos abusos psicológicos contínuos cometidos por seu irmão contra ela e a irmã, fatos que todos na família testemunharam. As duas irmãs são encorajadas a destruir sua própria capacidade de perceber a realidade, a desconfiar da própria memória, a renunciar ao direito de decidir o que é verdade. A estrutura da autoridade masculina exige a ficção de uma legitimidade masculina inquebrantável — a qual exige negar o que todos sabem. As duas irmãs devem ser destruídas para que um homem possa continuar intacto e seu direito de abusar possa continuar intacto; e todos ficarão loucos nesse sistema, porque todos vão negar o que aconteceu. É a versão, numa escala doméstica, dos slogans de Orwell: "Guerra é paz. Liberdade é escravidão. Ignorância é força". O autoritarismo também começa em casa. Fiquei chocada ao ler o relato de Westover, mas depois percebi que era uma experiência que muitas mulheres, inclusive eu, já tiveram, só que mais nítida e mais extrema.

Ela descreve como suas lembranças de família se tornaram "ameaçadoras, acusatórias. [...] Aquela criança-monstro me perseguiu durante um mês inteiro, até que encontrei uma explicação lógica para poder expulsá-la: que eu provavelmente estava louca. Se eu fosse louca, tudo faria sentido. Se não fosse louca, nada faria sentido". Aparentemente, "fazer sentido" aqui significa corresponder à versão oficial, aceitável, da história da sua família. As declarações de outros parentes — a minoria dissidente — e de uma testemunha de fora, e depois outra, a ajudaram a reconhecer que ela não estava louca e que os fatos que ela lembrava realmente aconteceram. Seu livro trata de como ela deu sentido a tudo aquilo de maneira independente, quando finalmente saiu para o mundo, escapando de uma esfera doméstica definida pelas ilusões e pelo fanatismo do pai.

Esse é o terrível enigma da nossa sociedade de duas caras: oficialmente, nós condenamos o estupro, o assédio e o abuso sexual, mas muita gente incluída neste "nós" também insiste que essas coisas não aconteceram, sendo que aconteceram, e essa negação faz parte da ficção de que os homens são objetivos e as mulheres são subjetivas — tão subjetivas que devemos achar que são loucas, delirantes —, ou talvez estivessem bêbadas na ocasião e se enganaram quanto à identidade do agressor. Westover é uma das muitas mulheres que já nos contaram como esse sistema consegue fazer com que as mulheres acreditem que são assim, e até exige isso de nós.

A roteirista de TV Megan Ganz foi assediada repetidas vezes pelo seu chefe até que, em janeiro de 2018, ele pediu desculpas, num ato raro, genuíno e grandioso, que incluía reconhecer o que ele havia feito. Ganz disse duas coisas contundentes a respeito. Uma foi "o alívio que senti simplesmente por ouvi-lo dizer que aquilo tudo realmente aconteceu. Quer dizer, não foi um sonho. Eu não sou louca". E a outra foi: "Levei anos para voltar a acreditar nos meus talentos", pois ela recebia muitas mensagens ambíguas — era genuinamente admirada pela sua capacidade ou aquilo tudo fazia parte das cantadas? Em outras palavras, ao destrinchar o trauma tantas vezes mencionado como efeito do abuso sexual, encontraremos ali uma destruição da capacidade da vítima de confiar na sua própria sanidade mental e visão das coisas, bem como um desgaste na sua capacidade de funcionar nas áreas social e profissional.

Nossa sociedade define a verdade como um bem valioso, do qual algumas pessoas são proprietárias inerentemente e outras não — não importa o que tenha acontecido, quem estuprou ou linchou quem, e tudo o mais que as evidências podem mostrar.

O romance *O sol é para todos* trata de saber se um homem negro pode ser dono da verdade, e a resposta insatisfatória é que, se um homem branco decide defendê-lo contra outros homens brancos, o homem negro pode ter uma pequena parte da verdade. Também é um livro sobre uma mulher que alega falsamente ter sido estuprada — mentira que é um tema muito presente nas notícias, na cultura popular e na literatura. Um editorial do *New York Times* no final de 2018 endossou a decisão de Betsy DeVos, secretária da Educação, de derrubar as proteções garantidas pela Lei Federal Título IX às vítimas de abuso sexual nos campi universitários; ela argumentou com uma história sobre uma falsa acusação de estupro, embora o estupro nos campi seja, como outros tipos de estupro, uma epidemia, e as denúncias falsas sejam raras. E, evidentemente, a mesma estrutura de poder que não aceita acusações verdadeiras contra homens brancos ricos e poderosos muitas vezes se mostra ansiosa para aceitar denúncias falsas contra homens negros que não pertencem a essa elite.

Os homens poderosos muitas vezes engrandecem outros homens poderosos — por vezes encomendam artigos escritos por homens que agrediram mulheres, ou em defesa deles, ou fazem ataques verbais às mulheres que foram agredidas fisicamente, ou às que falaram em favor delas, como vimos recentemente em várias publicações nova-iorquinas. O editor-chefe da *New York Review of Books* achou por bem dar a Jian Ghomeshi 7 mil palavras para encher linguiça sobre seu histórico de violência e suas consequências. Ghomeshi, famoso ex-entrevistador da Canadian Broadcasting Company, mentiu de imediato sobre seus ataques brutais quando as histórias começaram a surgir, quatro anos atrás. Na época ele publicou um longo e tedioso post no Facebook dizendo que estava sendo estigmatizado como membro de uma minoria sexual oprimida, os praticantes de BDSM (bondage, dominação, sadismo e masoquismo). Mas, como destacaram os praticantes de BDSM, o consentimento mútuo é fundamental para suas atividades sexuais, porém as mulheres que foram a público contaram histórias terríveis de ser atacadas por ele repentinamente, sem aviso. A capa da edição da *New York Review of Books* sobre Ghomeshi trazia a chamada: "A queda dos homens", o que é uma maneira de apresentar a ascensão das mulheres como algo infeliz (e o que aconteceu com um só homem, acusado de crimes cruéis por muitas mulheres, como algo emblemático de todos os homens — uma visão um tanto sinistra dos homens em geral).

Isaac Chotiner, do site Slate, questionou o editor da *NYRB*, Ian Buruma, sobre as acusações feitas contra Ghomeshi, mencionando que ele "deu socos nas mulheres contra a vontade delas". Buruma respondeu com uma série de frases tão vagas e dissociadas que lembram um lenço de papel se desmanchando numa poça de lama. Disse ele: "São essas as denúncias, mas, como sabemos, o comportamento sexual é um negócio multifacetado. Veja, por exemplo, morder. Morder pode ser um ato agressivo ou mesmo criminoso. Também pode ser interpretado de maneira diferente em circunstâncias diferentes. Não sou juiz de tudo que ele fez, exatamente". Bem, "Não sou juiz" em geral seria uma afirmação razoável, liberal, mas no contexto dessas frases parece significar: não me importa o que as mulheres disseram; ou ignoro esses fatos (ignorância é força), ou sou indiferente. Eu não quero esses fatos.

No tribunal havia acusações, e no tribunal o advogado de Ghomeshi as destruiu, porque no nosso sistema jurídico nós nos satisfazemos não com a verdade, exatamente, mas sim com quem consegue argumentar com mais força. Fora dos tribunais, mulheres que relutavam ou tinham medo de contar suas histórias em juízo as relataram a jornalistas; estes julgaram que as histórias tinham credibilidade suficiente para ser publicadas. Muitas mulheres que não se conheciam relataram o mesmo tipo de ataque repentino. Ghomeshi mentiu desde o início; haverá razão para supor que em algum momento depois ele se tornou uma testemunha confiável? (Vale lembrar que os autores de abusos sexuais e de agressões contra mulheres costumam mentir, assim como a maioria das pessoas acusadas de crimes.) Como disse Jeet Heer na *New Republic*: "A *New York Review of Books* está deixando Jian Ghomeshi pôr uma pedra em seu passado. [...] Embora isso certamente desencadeie uma reação contrária, devido às suas justificativas pessoais imersas em autopiedade, o enfoque egocêntrico do artigo ofusca os fatos do caso".

"Enquanto o leão não aprender a escrever, todas as histórias vão dar glória ao caçador", diz um provérbio africano. Mas o que acontece quando as leoas escrevem com eloquência, mas os editores preferem a versão dos caçadores? Mandar as leoas calarem a boca é o comportamento-padrão, assim como absolver os caçadores. A edição de outubro de 2018 da revista *Harper's* incluiu um ensaio de John Hockenberry, ex-apresentador da NPR, acusado de assédio sexual por muitas mulheres. Simultaneamente, a revista *New York* publicou um artigo distorcendo os fatos (tais como descritos na decisão de custódia) do caso de abuso sexual de Woody Allen e difamando, mais uma vez, Dylan e Mia Farrow — a matéria deveria ser um perfil da esposa de Allen, Soon-Yi Previn, mas ela se tornou porta-voz da defesa do marido, e sua personalidade e seus próprios interesses foram pouco explorados. Foi espantoso ver um artigo que prometia contar a história dessa mulher transformá-la num instrumento para defender a história dele, e ainda atacar outras mulheres.

O *New York Times* noticiou a forma como outro caçador perseguiu uma leoa: "Jeff Fager, a segunda e última pessoa em cinquenta anos a supervisionar o programa *60 Minutes*, foi demitido por enviar uma mensagem de celular ameaçando a carreira de uma repórter da CBS, Jericka Duncan, que estava investigando acusações de assédio sexual contra ele e o sr. Moonves". Rebecca

Traister escreveu, no início da enxurrada de histórias do #MeToo, em 2017: "Vemos que os homens que tiveram o poder de abusar do corpo e da psique das mulheres ao longo de toda a sua carreira também estão encarregados, em muitos casos, de contar nossas histórias políticas e culturais". E essas histórias eram, tanto na política quanto no entretenimento, centradas nos homens — várias profissionais de TV relataram como Moonves as excluía das possibilidades de trabalho — e na legitimidade masculina.

Canuto, o Grande, filho de Sweyn Forkbeard, rei da Noruega, Dinamarca e Inglaterra, vai se sentar, segundo a famosa fábula, à beira do mar e ordena à maré montante que se detenha: ele quer dizer que não está, de fato, no controle das marés, mas a história também pode ser lida como o retrato de um político decente, que reconhece os limites da sua potência diante dos fatos. É fácil imaginar um governante autoritário afirmando que o mar obedeceu à sua ordem; ou mesmo um presidente insistindo que 3 mil pessoas não morreram em Porto Rico, vítimas do furacão Maria; ou governos que mandam calar qualquer menção de que o nível do mar está subindo — como fez o governo do estado da Carolina do Sul ao aprovar uma lei, em 2012, especificando que "a Comissão de Recursos Costeiros e a Divisão de Gestão Costeira do Departamento de Meio Ambiente e Recursos Naturais não definirão índices de alteração do nível do mar para fins regulatórios antes de 1º de julho de 2016".

Um dos direitos que os poderosos costumam assumir para si é o poder de ditar a realidade. Como fez a família de Tara Westover, como fizeram Cosby, Moonves e seus apoiadores. Como fez Karl Rove no seu famoso comentário sarcástico sobre "a comunidade baseada na realidade", no auge do poder do governo Bush. Foi a época em que Brett Kavanaugh, agora juiz da Suprema Corte, trabalhava duro em prol desse regime que instigava guerras motivadas por armas de destruição em massa fictícias e imaginava que a tortura poderia extrair informações úteis das vítimas, em vez de reconhecer que a tortura acaba sempre torturando também a verdade. (Em sua audiência judicial de 2006, Kavanaugh afirmou não ter nada a ver com os programas de tortura, mas alguns dizem que nessa ocasião ele também mentiu.) O atual presidente também parece convencido de que, por pura insistência e agressão, é capaz de ditar a realidade, e não se pode dizer que é um mero delírio, pois isso em geral funciona para pessoas como ele. Ignorância é força.

Canuto impressiona porque não é aquele imperador com sua roupa nova invisível, mas que os cortesãos tanto admiram, com total obediência. Ele reconhece que os fatos estão fora do seu controle. Por outro lado, o mordaz conto de fadas de Hans Christian Andersen retrata como as pessoas seguem as ilusões e as negações dos poderosos, embora na história de Andersen o imperador seja um tolo, não um conspirador. Mas, no caso de tantos desses homens que insistem que seus colegas são inocentes e que as acusadoras são indignas de crédito, não é uma roupa nova que devemos admirar, mas sim trapos velhos.

Desacreditar certas mulheres e construir narrativas em que as mulheres não são narradoras confiáveis e os homens estão encarregados da verdade são coisas que fazem parte dos velhos trapos do imperador, e minha vontade é fazer uma fogueira com eles. Até lá acho útil coletar espécimes-tipo, contar a verdade — da melhor forma que eu puder — sobre essa horrível confusão e tentar mapear alguns caminhos, ou abrir caminho a facão para sair dessa selva.

Prezada Christine Blasey Ford, seu depoimento é um terremoto muito bem-vindo

Prezada dra. Christine Blasey Ford

Escrevo para lhe agradecer. Por mais angustiante que tenha sido a sua experiência, e seja lá o que o Senado dos Estados Unidos faça nas próximas semanas, a senhora conseguiu algo profundo em termos de poder e de impacto, algo que beneficia a todos nós. Pois há dois espaços em que suas palavras vão reverberar: o Senado e o imensamente vasto reino do debate público e dos valores sociais. Mesmo que suas palavras, como as de Anita Hill, sejam desconsideradas no primeiro, decerto vão ecoar no segundo por muito tempo.

A senhora disse, no início dessa provação: "Eu questionava se aquilo tudo não era como pular na frente de um trem em movimento que ia continuar avançando sem parar, me aniquilando pessoalmente". Depor diante dessa plateia, constituída, em boa parte, de apoiadores hostis e céticos desse homem que a atacou, pode de fato ter lhe dado a sensação de aniquilação. Ter de reviver seu trauma mais profundo diante do país inteiro deve ter sido uma dura provação. Mas a senhora não foi aniquilada; foi amplificada em todos os sentidos da palavra.

O abuso sexual nega à vítima a sua voz, o direito de dizer não e conseguir que esse "não" tenha um significado. Conforme seu relato, ele tapou a sua boca com força — ou seja, a experiência de ser silenciada passa a ser uma agressão direta. Uma sociedade que então se recusa a ouvir uma sobrevivente, que lhe nega a capacidade de relatar sua experiência, que cria uma hostilidade generalizada, impedindo as vítimas de se apresentarem, é uma sociedade que apaga essa sobrevivente, apaga essas vítimas e apaga todas nós. Mas a senhora tinha uma voz que ressoou pelo mundo todo, e utilizou essa voz para defender este país contra um homem que é não apenas inapto para ser juiz, como também o oposto do que um juiz deve ser: honesto, confiável, calmo, imparcial, respeitoso dos direitos alheios. Mesmo que a sua voz tenha vacilado, a sua verdade continuou marchando em frente.

Anita Hill foi derrotada segundo uma medida linear: ela não conseguiu impedir Clarence Thomas de ser nomeado para uma posição para a qual ele era — e continua sendo — evidentemente inapto. Mas o que ela conseguiu não foi apenas linear; seu impacto, tal como a sua voz, se irradiou em todas as direções. Ela provocou uma profunda discussão sobre o assédio sexual neste país, uma discussão que era desesperadamente necessária e cujas consequências beneficiaram dezenas ou centenas de milhões de mulheres, e vão beneficiar as gerações vindouras quando entrarem no mercado de trabalho. Ela fez um ajuste na distribuição desigual do poder — não um ajuste tão grande que remediasse o problema, mas uma mudança importante.

E conseguiu isso ao ser, tal como a senhora, uma testemunha firme da sua própria experiência. Muitos na mídia e alguns no Senado insistiram, maliciosamente, em tratar Anita Hill — mas não Clarence Thomas — como uma pessoa subjetiva, indigna de confiança, talvez delirante, talvez vingativa; mas não conseguiram dissuadi-la.

Como a senhora decerto sabe melhor do que a maioria de nós devido à sua profissão de psicóloga, a credibilidade — ser considerado alguém em quem se deve acreditar — é fundamental para que uma pessoa atue como membro de uma família, de uma universidade, de um local de trabalho, de uma sociedade. O depoimento de Anita Hill e a resposta do Senado mostram abertamente como se arranca das mulheres esse poder, essa igualdade, esse direito básico, ou como se presume, já de saída, que elas são incapazes ou indignas de credibilidade.

Na sequência do depoimento de Anita Hill, abriu-se um vasto debate coletivo sobre o assédio no local de trabalho. Aqueles que não tinham experiência direta com o problema — ao menos os que estavam dispostos a ouvir — ficaram sabendo quanto ele é generalizado e traiçoeiro e por que as mulheres não prestam queixa (as estatísticas, até mesmo as recentes, mostram com que frequência as consequências são punitivas). As denúncias de assédio aumentaram drasticamente, ou seja, um número muito maior de mulheres abusadas conseguiu reconhecer que foram maltratadas ou tentaram conseguir reparações.

Uma lei raramente lembrada, a Lei dos Direitos Civis de 1991, foi aprovada "para fornecer soluções adequadas para a discriminação intencional e o assédio ilegal no local de trabalho", em especial quando os empregadores usam "uma prática de emprego específica que causa um impacto desigual devido a fatores de raça, cor, religião, sexo ou país de origem". E no ano seguinte a eleição federal ficou conhecida como "o ano da mulher", porque mais mulheres do que nunca concorreram a cargos públicos e venceram. As ondas de choque do depoimento de Anita Hill reverberaram em todas as direções.

É muito cedo para medir as consequências do seu depoimento, dra. Ford, apesar das intermináveis afirmações da mídia de que esse confronto entre a senhora e o juiz Kavanaugh foi um teste para o #MeToo (até mesmo a manchete atribuída a um dos meus ensaios retratou as coisas dessa forma). E há vários problemas nessa maneira de ver a situação.

Um deles é que o #MeToo representa apenas um ano frutífero em meio a um projeto pelos direitos e pela igualdade das mulheres que remonta a mais de cinquenta anos, segundo um critério, ou quase 180 anos, por outros. Além disso, outra questão é que aquilo que se tenta mudar é o patriarcado, uma instituição que existe há milhares de anos. O teste do nosso sucesso está nas notáveis mudanças jurídicas e culturais que alcançamos nos últimos cinquenta anos, não em saber se conseguimos mudar tudo e todos neste último ano. O fato de não termos mudado tudo não diminui o fato de que nós mudamos muita coisa.

A palavra "nós" levanta outras questões. Não existe um só "nós" nessa situação. Existem muitos. Há os que se envolveram com as notícias, com o debate e com a literatura a respeito do tema para compreender como é difundido o problema da violência sexual e da violência contra as mulheres. Há as sobreviventes de violência sexual e de outros tipos de violência de gênero — e nós somos uma legião — que conhecem tudo isso de uma forma visceral. E há outro "nós" que insiste em não reconhecer o problema, os que optaram por não escutar a interminável sucessão de histórias. Esta é uma das grandes fissuras que rasgam este país e esta sociedade.

"A coragem é contagiosa", disse o senador Patrick Leahy no início de seu depoimento. "O fato de que a senhora, dra. Ford, está compartilhando a sua história terá um impacto permanente e duradouro. [...] Temos uma dívida de gratidão para com a senhora." Sim, a senhora abriu espaço para dezenas ou centenas de milhares de mulheres contarem suas histórias — histórias que precisam ser contadas e que outras pessoas precisam ouvir. Os abusos sexuais proliferam com o silêncio das vítimas, e estas últimas semanas romperam um pouco desse silêncio. Há um termo geológico, "equilíbrio pontuado", que propõe que a vida na Terra não evolui de maneira constante, mas sim com longos intervalos sem intercorrências, rompidos por mudanças drásticas. Também o feminismo tem seu equilíbrio pontuado, e as reações à audiência de Anita Hill em 1991 e a muitos eventos abomináveis dos últimos anos foram rupturas que mudaram a paisagem social. O depoimento da senhora é, em si mesmo, um terremoto — um terremoto muito bem-vindo.

Ao contar sua história de maneira tão vívida e dolorosa, a senhora abriu espaço para que incontáveis vozes sejam ouvidas, para que muitas mulheres contem suas próprias histórias pela primeira vez, para que o equilíbrio se altere um pouco, mais uma vez. A senhora não desejava esse papel, mas, quando sentiu que era necessário, foi a público e falou. E, por isso, é a heroína de milhões de mulheres. Só espero que, apesar das ameaças e dos ataques, a senhora possa sentir como isso é importante. Saiba que as ameaças e os ataques estão acontecendo porque suas ações têm muita importância. Uma das duas mulheres que confrontaram o senador Jeff Flake num elevador, num vídeo agora famoso, lhe fez uma pergunta sobre Kavanaugh: "Será que ele consegue aguentar a dor deste país e remediá-la? Pois esse é o trabalho da Justiça". Parece óbvio para muitas de nós que ele não consegue, e que, de alguma forma, a senhora já fez isso. Sei que falo em nome de milhões de outras quando digo que lhe sou muito grata.

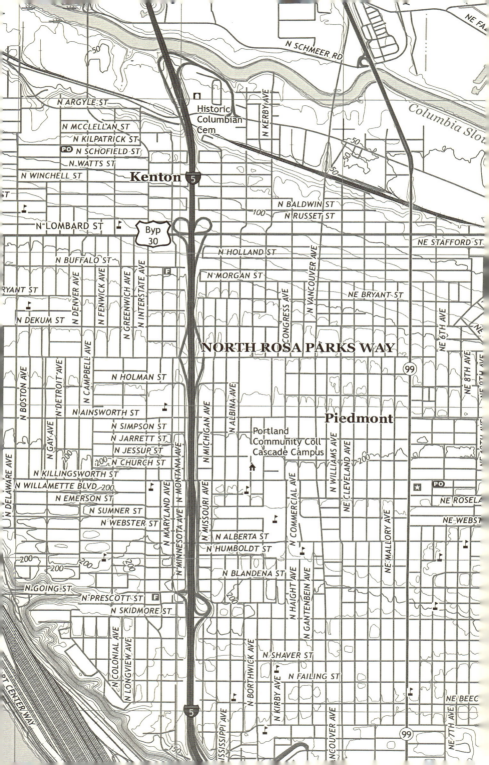

Que nunca mais cesse esse dilúvio de histórias de mulheres

Há um problema na maneira como o feminismo avança quando reage a uma notícia inédita. Ele aponta o foco para um único predador, um único incidente; assim, as pessoas que nunca enfrentaram a onipresença da misoginia podem construir histórias em torno dessa notícia, podem alegar que foi uma exceção e não a regra, ou uma ação de um membro de uma subcategoria que podemos rejeitar ou demonizar. Alegar que Harvey Weinstein é um típico liberal ou um típico homem de Hollywood, ou que Roy Moore e Bill O'Reilly são típicos conservadores, que o autor de um massacre com um histórico de violência doméstica é um típico veterano de guerra, ou um típico solitário, ou um doente mental; que caso após caso é uma anomalia na organização da sociedade, não a organização em si. E, no entanto, essas são as normas, não as aberrações. Esta é uma sociedade ainda permeada, moldada e limitada pela misoginia, entre outros males que a afligem.

Obviamente — pois nós, mulheres, continuamos tendo que tranquilizar os homens, já que mesmo quando falamos da nossa sobrevivência devemos nos preocupar com que se sintam bem — não se trata de todos os homens, mas de um número suficiente para impactar quase a totalidade das mulheres. Mas, por outro lado, se trata *sim* de todos os homens, porque todos nós ficamos distorcidos por viver numa sociedade assim e porque, como ficou demonstrado pelo caso de Kevin Spacey e outros, embora os homens sejam quase sempre os autores, por vezes outros homens e rapazes são vítimas. Ser preparado e condicionado para ser um assediador desumaniza a pessoa, assim como ser preparado e condicionado para ser uma presa. Precisamos desnormalizar tudo isso para que possamos nos re-humanizar.

As mulheres passam a vida negociando sua sobrevivência, sua integridade física e sua humanidade, tanto no lar como nas ruas, nos locais de trabalho, nas festas e agora na internet. As muitas histórias que têm surgido desde que a revista *New Yorker* e o *New York Times* publicaram os fatos, há muito tempo reprimidos, acerca de Weinstein nos dizem isso. Sabemos disso pelas notícias sobre mulheres famosas que estão nas mãos de homens famosos, pelas redes sociais com as experiências de mulheres não tão famosas e as hordas intermináveis de agressores que há por aí, quer estejamos falando de estupro, abuso sexual, assédio no local de trabalho ou violência doméstica.

Parece que foi isso que gerou um choque em muitos homens, esses que supostamente temos que chamar de "homens bons", homens que nos garantem que não fazem parte disso, em absoluto. Mas a ignorância é uma forma de tolerância, fingindo que estamos numa sociedade que não enxerga a cor da pele de ninguém ou na qual a misoginia é uma prática pitoresca, uma coisa antiga que já superamos. É não ter o trabalho de saber como as pessoas ao redor vivem ou morrem, e por quê. É ignorar ou esquecer que já tivemos outras explosões de histórias desse tipo — na década de 1980 em torno da violência sexual, especialmente pedofilia; em 1991, na esteira do depoimento de Anita Hill; depois do estupro coletivo de Steubenville e do estupro coletivo seguido de morte em Nova Delhi no final de 2012; e depois do tiroteio de Isla Vista, em 2014. Uma frase de que sempre me lembro é a de James Baldwin: "É a inocência que constitui o crime". Ele se referia aos brancos, no início dos anos 1960, que ignoravam a violência e a destrutividade do racismo, à opção deles de não enxergar nada disso.

O mesmo se pode dizer dos homens que não se deram ao trabalho de enxergar o que está à nossa volta: um país em que uma mulher é espancada a cada onze segundos; em que, como disse o *New England Journal of Medicine*, "a violência doméstica é a causa mais comum de lesões não fatais em mulheres"; um país em que parceiros e ex-parceiros são responsáveis por um terço de todos os assassinatos de mulheres; em que há centenas de milhares de estupros por ano, mas apenas cerca de 2% dos estupradores cumprem pena por seus crimes. Um mundo em que Bill Cosby exercia um poder capaz de silenciar mais de sessenta mulheres e permitir que sua onda de crimes prosseguisse livremente durante meio século; em que Weinstein atacou e assediou mais de 110 mulheres — as quais em geral não tiveram recurso nenhum até que alguma coisa no sistema se quebrou, ou se modificou. Um mundo em que o Twitter bloqueou por um tempo a conta de Rose McGowan devido a um tuíte relacionado a Weinstein que supostamente continha um número de telefone, mas não fez nada quando Jack Posobiec, um colunista de extrema direita, divulgou no Twitter o endereço do trabalho da mulher que acusou Roy Moore de tê-la explorado sexualmente quando ela tinha catorze anos. E, aliás, o Twitter não fez nada a respeito de tantas campanhas de ameaças contra diversas mulheres que se atreveram a falar.

Pois eis aqui uma coisa que você pode ter esquecido quando se fala de mulheres sendo ameaçadas, agredidas, espancadas ou estupradas: nós tememos ser assassinadas depois de tudo isso. Eu já senti esse medo. Muitas vezes há uma outra camada de ameaças "se você contar". Ameaças que podem vir do seu agressor ou de pessoas que não querem saber o que ele fez nem do que você precisa. O patriarcado mata as histórias e as mulheres para conservar o poder. Se você é mulher, essas coisas marcam, deixam cicatrizes em você, fazem crer que você vale menos, que não é ninguém, que não tem voz, que este não é um mundo em que você se sinta segura, igual, livre. Que a sua vida é algo que outra pessoa pode roubar de você, até mesmo um estranho que você nunca viu, só porque você é mulher. E que a sociedade vai desviar o olhar a maior parte das vezes, ou então culpar você — esta sociedade que é, em si mesma, um sistema de punição por ser mulher. O silêncio acerca dessas coisas é a configuração-padrão — esse silêncio que o feminismo vem lutando para romper, e está rompendo.

Talvez cada ação, tomada em separado, seja causada pelo ódio de um determinado homem, ou pelo seu sentimento de ter direito a ela, ou por ambas as coisas, mas essas ações não são isoladas. Seu efeito cumulativo é diminuir o espaço onde as mulheres se movem e falam, o nosso acesso ao poder na esfera pública, assim como nas esferas pessoal e profissional. Muitos homens não perpetraram certas ações diretamente, mas, como alguns finalmente já reconheceram, se beneficiaram delas; são ações que derrubaram uma parte da concorrência, cavaram uma fissura do tamanho da Fossa das Marianas atravessando esses tais campos de jogo que sempre nos garantem serem justos e nivelados. Diana Nyad, nadadora de enduro famosa no mundo todo, revelou que desde os catorze anos seu treinador, um campeão olímpico, começou a agredi-la sexualmente. Ela fala do mal que isso lhe causou, da forma como isso mudou quem ela era, como diminuiu seu bem-estar. Nyad diz: "Eu poderia ter enfrentado a minha desgraça, mas minha vida, ainda tão jovem, mudou drasticamente naquele dia. Para mim, ser silenciada era um castigo igual a ser molestada". Essa história poderia ser a de dezenas de mulheres que conheço, a de centenas ou milhares de mulheres cujas histórias já li ou já ouvi.

Tratamos a agressão física e o silenciamento que vem depois como se fossem duas coisas separadas, mas são a mesma coisa. A violência doméstica e o estupro são atos que dizem que a vítima não tem direitos — não tem direito à autodeterminação, nem à integridade física, nem à dignidade. É uma forma brutal de ser transformada numa pessoa sem voz, de não ter poder de decisão sobre sua vida e seu destino. E, ainda por cima, depois ser descreditada, humilhada, punida, expulsa da sua comunidade ou da sua família — tudo isso é como ser tratada da mesma maneira, mais uma vez. Ronan Farrow expôs a rede de espiões contratados para manter Rose McGowan em silêncio sobre Weinstein; Emily Nussbaum, também articulista da *New Yorker*, observou: "Se Rose McGowan tivesse contado antes a história dos espiões do Mossad, todos iriam achar que ela era louca".

Isso acontece porque nós contamos histórias sobre o que é normal, ou então alguém nos conta essas histórias, e não se supõe que seja normal esse nível de malevolência vinda dos nossos homens proeminentes, mesmo quando temos tantas histórias confirmando que de fato é normal. Tantas mulheres que relataram histórias de maus-tratos infligidos por homens foram tratadas como loucas, ou mentirosas, porque é mais fácil culpar uma só mulher do que toda uma cultura — ou, como se diz em inglês, é mais fácil jogar as mulheres "debaixo do ônibus". Esse ônibus vai seguindo em frente em cima de um tapete vermelho forrado de mulheres. Vemos Trump descer do ônibus e se gabar de agarrar as mulheres pela xoxota — e ser eleito presidente dali a menos de um mês. Ele passa, então, a colocar em prática uma série de políticas que cortam, explicitamente, os direitos das mulheres, incluindo os direitos das vítimas de agressões sexuais.

A Fox renovou o contrato de Bill O'Reilly depois que ele fez um acordo de 32 milhões de dólares por uma acusação de assédio sexual — um pagamento pelo silêncio da vítima que incluía destruir todos os e-mails documentando o que ele havia feito com ela. A produtora de Weinstein também continuou pagando indenizações às vítimas e comprando seu silêncio com os acordos. Colegas heterossexuais no ramo humorístico formaram uma parede protetora de silêncio em torno de Louis C.K., tornando evidente que esse homem que se masturbava diante das mulheres — elas ficavam chocadas, porque não queriam e não davam consentimento para esse ato — era mais valioso do que essas mulheres, e continuaria sendo mais audível.

Até que algo se rompeu; até que vários jornalistas foram buscar as histórias que estavam "escondidas" bem à vista de todos. E as histórias vieram aos borbotões: sobre editores, donos de restaurantes, diretores, escritores famosos, artistas famosos, estrategistas políticos famosos. Nós conhecemos essas histórias. Já sabemos como a vítima de Steubenville em 2012 foi assediada e ameaçada por denunciar que sofreu estupro coletivo por parte de seus colegas de escola. Quatro adultos desse distrito escolar foram indiciados por obstrução à Justiça por tentarem encobrir os crimes. A mensagem foi direta: os garotos têm mais importância do que as garotas, e o que eles fazem com elas não importa. Uma investigação de 2003 relatou que 75% das mulheres que deram queixa de assédio sexual no local de trabalho sofreram retaliações. Ou seja, foram punidas por denunciar a punição.

Como seria a vida das mulheres, quais seriam nossos papéis e nossas realizações, qual seria o nosso mundo sem essa punição terrível que paira sobre a nossa vida diária? Decerto isso iria reorganizar quem detém o poder e o modo como pensamos no poder — ou seja, a vida de cada pessoa poderia ser diferente. Seríamos uma sociedade diferente. Nós mudamos um pouquinho nos últimos 150 anos, mas desde a Guerra Civil os negros continuam sendo impedidos de progredir; desde que as mulheres conseguiram o direito ao voto, há 99 anos, mulheres de todas as cores continuam sendo excluídas; e, é óbvio, as mulheres negras sofrem das duas maneiras. Quem seríamos nós se as nossas narrativas épicas e os nossos mitos, nossos diretores e magnatas da mídia, nossos presidentes, congressistas, CEOs, bilionários não fossem, com tanta frequência, brancos do sexo masculino? Pois os homens que agora estão sendo expostos controlavam as histórias — muitas vezes literalmente, em seus cargos de executivos de rádio, diretores de cinema, chefes de departamentos universitários. Essas histórias ou são portas que atravessamos, ou então portas que se fecham na nossa cara.

É mérito de Diana Nyad que, apesar de ser treinada por um estuprador, tenha se tornado uma grande nadadora; é mérito das ginastas olímpicas da equipe americana ganharem medalhas apesar de terem um molestador como médico. Mas quem elas teriam sido, na sua vida pessoal e em suas realizações profissionais, sem o mal que lhes foi infligido por esses homens que queriam lhes fazer mal, que consideravam que lhes fazer mal era seu direito e seu prazer? Quem poderíamos ser, todas nós, se não vivêssemos numa sociedade que não apenas normaliza, como também festeja essa punição e os homens que a infligem? Quantas mulheres já perdemos devido a essa violência antes mesmo de as conhecermos, antes de deixarem sua marca no mundo?

Meio século depois do sucedido, Tippi Hedren contou como Alfred Hitchcock a molestou sexualmente e a assediou fora das filmagens; como a puniu durante as filmagens e depois lhe disse, "com o rosto vermelho de raiva", caso ela continuasse rejeitando seus avanços: "Eu vou arruinar a sua carreira". Hitchcock, cujo desejo de punir mulheres belas é o que move muitos de seus filmes, fez o possível para cumprir a ameaça, chegando a impedir uma indicação da atriz ao Oscar por sua atuação como Marnie, em seu filme homônimo de 1964. Essas pessoas famosas não são as exceções, mas sim os exemplos — as figuras públicas que conhecemos, representando os dramas que estão acontecendo nas escolas, nos escritórios e nas igrejas, nas campanhas políticas e também nas famílias.

Vivemos num mundo onde incontáveis mulheres tiveram sua capacidade criativa e profissional destruída por traumas e ameaças, pela desvalorização e pela exclusão. Mas um mundo em que as mulheres fossem livres e incentivadas a dar a sua contribuição, um mundo em que vivêssemos sem esse medo onipresente poderia ser inimaginavelmente diferente. Da mesma forma, um país como os Estados Unidos, onde as pessoas não brancas não tivessem seus votos cada vez mais suprimidos, onde não enfrentassem a violência, a exclusão e o desprezo, poderia não só ter tido resultados diferentes nas eleições recentes, como também candidatos diferentes e questões diferentes. Todo o tecido social seria outro. Deveria ser. Assim se chegaria à justiça e à paz, ou pelo menos à base sobre a qual elas poderiam ser construídas.

Rebecca Traister e outras pessoas já salientaram um ponto importante: não deveríamos lamentar o fim da vida criativa dos homens que estão sendo expostos como agressores; deveríamos, isso sim, contemplar as contribuições criativas que nunca tivemos e nunca conheceremos, porque suas criadoras foram esmagadas ou excluídas. Quando Trump foi eleito, nos disseram que não deveríamos normalizar o autoritarismo e as mentiras; mas as perdas devidas à misoginia e ao racismo foram normalizadas para todo o sempre. A tarefa agora tem sido desnormalizar tudo isso e quebrar o silêncio que foi imposto. Construir uma sociedade onde a história de cada pessoa possa ser contada.

Essa também é uma guerra em nome das histórias.

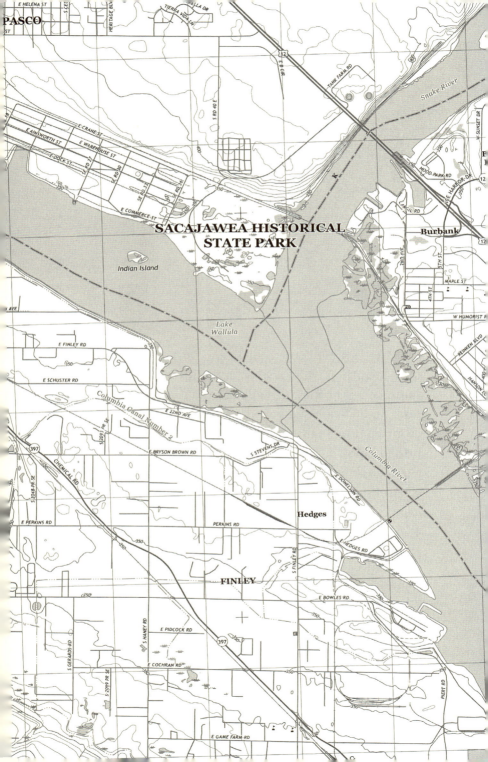

O problema do sexo é o capitalismo

Desde o banho de sangue em Toronto, em abril de 2018, quando um homem assassinou dez pedestres ao avançar com uma caminhonete no meio da multidão, muitos comentadores acordaram, tardiamente, para a existência de uma subcultura on-line chamada "incel" (abreviação de "involuntary celibate", celibatário involuntário), e muito foi dito a respeito. É algo que muitas vezes é tratado como uma visão de mundo estranha, desconhecida. Mas é, na verdade, apenas uma versão extrema do sexo sob o capitalismo, algo com o que todos nós estamos acostumados, pois está ao nosso redor, presente em tudo, em todos os lugares e há muito tempo. E talvez o problema do sexo seja o capitalismo.

Na base dessa visão de mundo "incel" do assassino de Toronto estão estes pressupostos: o sexo é uma mercadoria, uma commodity; o acúmulo dessa mercadoria aumenta o status de um homem; e todo homem tem direito a essa acumulação, mas as mulheres colocam obstáculos à acumulação, portanto, elas são o inimigo, além de serem a mercadoria. Os incels querem mulheres de status elevado e estão furiosos com seu próprio status inferior, mas não questionam o sistema que, de maneira dolorosa e desumana, distribui o status e transforma todos nós em mercadorias.

Sentir-se com plenos direitos também é uma questão: uma pessoa que não acredita que tem "direito" ao sexo pode se sentir triste, solitária ou melancólica por não conseguir o que quer. Mas não sentiria uma raiva colérica de ninguém — a menos que achasse que as pessoas lhe devessem algo. Já se observou que alguns desses homens são doentes mentais e/ou marginalizados socialmente, mas parece que isso apenas os torna mais suscetíveis ao ódio que é praticado na internet e à internalização de uma história convencional, tudo isso levado ao extremo. Ou seja, a doença mental e a marginalização social não são a causa dessa visão de mundo.

Pelo contrário: elas tornam esses homens vulneráveis a essa visão; uma visão que dá forma ou rumo ao isolamento e à incapacidade. Muitos de nós temos certa imunidade, graças ao nosso acesso a narrativas contrárias e ao contato amoroso com outros seres humanos, mas todos nós somos impactados pela ideia de que cada pessoa tem um valor de mercado.

Se você considera que as mulheres são pessoas dotadas de certos direitos inalienáveis, o sexo heterossexual — diferente do estupro — deve ser algo que duas pessoas fazem juntas porque ambas desejam fazer, mas, ao que parece, essa noção de que as mulheres são pessoas é desconcertante ou condenável para multidões de homens, e não apenas incels.

A mulher-como-corpo é o sexo à espera de acontecer — para os homens —, já a mulher-como-pessoa é uma guardiã irritante que se coloca entre o homem e o corpo feminino, e é por isso que há diversos conselhos sobre como ludibriar ou dominar essa guardiã. Não apenas em fóruns on-line de incels e *pick-up artists*, mas também como material jocoso em filmes e livros, desde *As ligações perigosas* e Giacomo Casanova conquistando seus troféus. Muitas vezes "sedução" é um eufemismo para o cerco e a guerra.

Na verdade, remonta a antes do capitalismo essa desumanização que faz do sexo uma atividade que os homens exigem das mulheres, as quais não têm nenhum direito de opinar sobre a situação. A Guerra de Troia começa quando Páris, um troiano, sequestra Helena e a mantém como escrava sexual. Durante a guerra para recuperar Helena, Aquiles captura a rainha Briseida e a mantém como escrava sexual, depois de matar seu marido e seus irmãos (e convenhamos que matar a família inteira de alguém em geral não é nada afrodisíaco). Seu camarada de armas, Agamêmnon, também tem suas escravas sexuais, incluindo a profetisa Cassandra, amaldiçoada por Apolo com o dom de fazer profecias nas quais ninguém acredita, por se recusar a fazer sexo com ele. Quando se lê do ponto de vista das mulheres, a Guerra de Troia se assemelha às ações do Estado Islâmico contra os yazidi.* Isso talvez torne bastante significativo o fato de que o prêmio Nobel da paz de 2018 tenha ido para uma ex-escrava sexual e defensora dos direitos humanos do seu povo yazidi, Nadia Murad (que dividiu o prêmio com o ginecologista congolês Denis Mukwege, fundador de um refúgio para sobreviventes de estupro chamado Cidade da Alegria).

O feminismo e o capitalismo estão em desacordo se para um as mulheres são pessoas e para o outro são propriedades. Apesar de meio século de reformas e revoluções feministas, o sexo muitas vezes ainda é compreendido segundo os modelos fornecidos pelo capitalismo. O sexo é uma transação; o status dos homens aumenta quando acumulam transações, como se fossem fichas de pôquer. Wilt Chamberlain, astro do basquete, se gabou de ter feito

---

* A partir de 2014, o Estado Islâmico cometeu genocídio entre os yazidis, matando os homens e às vezes também meninos, e escravizando milhares de mulheres e meninas, explorando-as sexualmente; o que o EI e os incels compartilham ideologicamente daria um estudo interessante. (N. A.)

sexo com 20 mil mulheres, em suas memórias de 1991 (alguns já fizeram as contas: daria 1,4 mulher por dia durante quarenta anos). Isso é que é acumulação primitiva! O presidente dos Estados Unidos é alguém que regularmente tenta melhorar seu status associando-se a mulheres "comoditizadas", e também é bem conhecido seu desprezo por outras mulheres que não se encaixam no modelo Coelhinha da Playboy/ Miss Universo. Isso não é algo marginal; é central para a nossa cultura e agora é adotado pelo presidente do nosso país.

O status das mulheres é ambíguo em relação à experiência sexual, ou talvez seja lamentável de qualquer maneira: como mercadoria, você deve ser desejável, mas o resultado dessa desejabilidade — a relação erótica — pode ser visto como algo que faz de você uma mulher usada, contaminada, impura, merecedora de punição. Ao que parece, se os homens adquirem mais numa transação sexual, as mulheres perdem. Tanto ser sexual quanto não ser sexual são fatos que tendem a gerar punição, e a mulher ideal deve ser ambas as coisas, nenhuma das duas e, ainda, por mais impossível que pareça, algo entre as duas. E muitas vezes o sexo que ela faz não é medido pelo desfrute dela, mas sim pelo desfrute do parceiro; quando você é a mercadoria, você não é o consumidor.

Essa ideia do sexo como algo que os homens ganham — com frequência intimidando, importunando, enganando, atacando ou drogando mulheres — está em toda parte. Na mesma semana do ataque aos pedestres em Toronto, Bill Cosby foi tardiamente considerado culpado por uma das mais de sessenta agressões sexuais relatadas por mulheres. Foi acusado de lhes dar comprimidos para deixá-las inconscientes ou incapazes de resistir. Quem quer fazer sexo com alguém que não está presente? A resposta é: muitos homens, ao que parece, já que as drogas que promovem o estupro são algo bem conhecido, assim como as técnicas dos universitários para fazer garotas menores de idade beber até ficar inconscientes. Brock Turner, conhecido como o estuprador de Stanford, abusou de uma mulher que estava "apagada" pelo álcool, inerte e incapaz de resistir.

Sob o sistema capitalista, parece que o sexo poderia até ser feito com objetos mortos, e não com colaboradoras vivas. Não é imaginado como algo que duas pessoas fazem, que pode ser afetuoso, divertido e colaborativo, mas sim como algo que uma pessoa consegue obter. A outra pessoa por vezes mal é reconhecida como pessoa; e muitas vezes a "pessoalidade" que há nela precisa sair do caminho para que essa versão seja encenada. É uma versão solitária do sexo. Existem culturas que personificam objetos e veem até as pedras e as fontes de água como seres animados e merecedores de respeito; na nossa cultura, até os seres humanos são vistos como objetos e mercadorias que não merecem respeito. Aquelas culturas visualizam um mundo vivo, com presenças e com consciência; esta enxerga diversas formas de morte e de dormência.

Os incels são homens heterossexuais que veem de longe esse sexo mecanicista e transacional e o desejam, ao mesmo tempo que se enfurecem contra aqueles que o praticam. O fato de que as mulheres não querem intimidade com pessoas que as odeiam e tentam lhes fazer mal parece que ainda não ocorreu aos incels, já que parecem desprovidos de empatia — a capacidade de entrar, imaginativamente, no que outra pessoa está sentindo. E também não ocorreu a muitos outros homens, pois logo depois que aquele incel de Toronto foi acusado de assassinato em massa a simpatia por ele começou a crescer.

No *New York Times*, o colunista Ross Douthat atribuiu a um libertário esta noção: "Se nos preocupamos com a justa distribuição da propriedade e do dinheiro, por que assumimos que o desejo por algum tipo de redistribuição sexual é inerentemente ridículo?". O insano aqui é que nem o conservador Douthat nem os libertários estão preocupados com a justa distribuição dos bens e do dinheiro, algo que se costuma chamar de socialismo. Isto é, até que a propriedade seja uma mulher. E, nesse caso, ficam felizes em contemplar uma redistribuição que parece ter tanto interesse no que as mulheres querem quanto os senhores da guerra ao dividir as escravas sexuais na Guerra de Troia.

Felizmente, alguém muito mais inteligente já abordou esse problema antes do assassinato de pedestres em Toronto. Na *London Review of Books*, Amia Srinivasan escreveu: "É notável, embora não surpreendente: enquanto os homens tendem a reagir à marginalização sexual com um sentimento de ter direito ao corpo das mulheres, qual é a reação das mulheres que vivem sexualmente marginalizadas? Em geral elas reagem falando não em ter direitos, mas sim em ter mais poder. Ou, na medida em que elas falam em direitos, é o direito ao respeito, não ao corpo de outras pessoas".

Ou seja, essas mulheres consideradas indesejáveis questionam a hierarquia que atribui status e sexualização a certos tipos de corpos e os nega a outros. Elas pedem que consideremos redistribuir nossos valores, nossa atenção e talvez até nossos desejos. Elas pedem que todos sejam mais gentis e menos presos às ideias convencionais sobre quem constitui uma boa mercadoria. Elas nos pedem para sermos menos capitalistas.

O que é aterrorizante nos incel é que, aparentemente, eles julgam que o problema deles é que lhes falta sexo, quando, na verdade, o que lhes falta é empatia, compaixão e a imaginação que acompanha essas capacidades. Isso é algo que o dinheiro não pode comprar e que o capitalismo não vai ensinar a ninguém. As pessoas que você ama podem lhe ensinar, mas primeiro você precisa amá-las.

Sobre o trabalho das mulheres e o mito do "monstro da arte"

Uma advogada trabalhista que conheço considera seu trabalho um ato de solidariedade, embora receba um salário para fazê-lo; e alguns organizadores de ações climáticas que conheço recebem salários e se preocupam com o destino do mundo; e as médicas e enfermeiras que conheço querem ganhar a vida e talvez ter coisas bonitas e fazer as coisas do seu jeito, como todos nós, mas também querem salvar vidas quando é possível, ou então confortar os moribundos e melhorar sua jornada quando não é possível; e essas pessoas são tão apaixonadas pelo que fazem que muitas vezes também fazem de graça, e para elas é óbvio e natural doar seus serviços e suas habilidades em situações de emergência.

Escrever também é um trabalho que abrange os dois lados dessa divisão — queremos mergulhar nas nossas próprias profundezas, mas também queremos fazer algo belo, algo que vai mudar o mundo, e esperamos que não apenas mude, como também que mude para melhor; e, se tivermos sorte, podemos ganhar a vida com isso. Qualquer pessoa que esteja lendo este texto é, quase com certeza, alguém para quem um poema, um ensaio ou um livro já foi um bote salva-vidas onde se agarrou numa situação de emergência. No entanto, o egoísmo dos escritores é um assunto recorrente — assunto no qual eu gostaria de amarrar uns pesos de chumbo, para que não voltasse à superfície nunca mais. Gostei em parte do artigo de Claire Dederer na *Paris Review*, "What Do We Do with the Art of Monstrous Men?", que me foi enviado por uma amiga, uma ativista climática brilhante e dedicada. Gostei quase até o fim, quando Dederer reflete sobre a ideia de Jenny Offill acerca do "monstro da arte":

> Meu plano era nunca me casar. Em vez disso, eu seria um monstro da arte. As mulheres quase nunca se tornam monstros da arte, porque os monstros da arte só se preocupam com a arte, nunca com coisas mundanas. Nabokov nem sequer enrolava o guarda-chuva. Vera lambia os selos das cartas para ele. As mulheres escritoras que conheço anseiam por ser mais monstruosas. Elas dizem isso, assim meio brincando, ha-ha-ha: "Bem que eu gostaria de ter uma esposa!". E o que isso de fato significa? Significa que você deseja abandonar as tarefas de nutrir e alimentar, a fim de cumprir o sacramento egoísta de ser um artista.

Não há dúvida que muitos homens que trabalham com contabilidade, ou projetam peças de máquinas, ou veem TV o dia todo também são egoístas e têm esposas que fazem muitas coisas no lugar deles; o egoísmo não é exclusivo dos artistas — nem dos homens; não faltam exemplos de mulheres egoístas. Mas talvez haja um tipo especial de egoísmo, do tipo "cara boêmio", incentivado pela noção de gênio — aquela pessoa que é mais especial e importante do que as outras.

Rosemary Hill escreveu recentemente sobre Ida e Augustus John e seu casamento terrível, no início do século xx:

O homem boêmio podia idealizar as mulheres como suas musas e modelos, mas não era estorvado pelas obrigações burguesas de ser fiel nem de ganhar dinheiro, e raramente era tão pouco convencional a ponto de fazer qualquer serviço doméstico ou cuidar das crianças. Já a mulher boêmia com filhos era tão algemada à domesticidade quanto qualquer esposa de advogado, mas sem os funcionários que haveria numa casa de classe média, nem a segurança.

Mas, pela minha experiência, o estilo de vida boêmio e a produção criativa podem ser inimigos, tanto quanto aliados. Será o egoísmo necessário para a arte, mais do que outras coisas? Os filhos da minha amiga advogada odeiam que ela viaje tanto, mas ela viaja: e o marido, engenheiro de software, fica tomando conta do forte quando ela não está, porque não é necessário ser mulher para ser a responsável número um pela casa ou mesmo para ser um parceiro que divide as tarefas igualmente. E ela não é egoísta pelo fato de ganhar a vida, ou de se preocupar com os trabalhadores assim como com seus filhos, espetacularmente graciosos e encantadores. Aqui em Bay Area, na Califórnia, não faltam histórias sobre a carga horária semanal obscena de muita gente que trabalha na área de tecnologia, e, ao menos na minha família ampliada em geral, as mães solo têm dois ou três empregos para manter as crianças alimentadas e com um teto em cima da cabeça. Não conheço nenhuma mãe que só trabalha em casa aqui na minha região.

Com certeza há mais "ego" envolvido em fazer arte, ou alguns tipos de arte, na medida em que muitas vezes é uma atividade solitária, em geral introspectiva e às vezes pessoal, mas esse mergulho nas profundezas pode consistir tanto em desmantelar as vaidades de uma vida não examinada como em festejar a si mesmo. Mesmo que você escreva na mais profunda solidão, se escreve é porque quer dizer algo para as outras pessoas e espera, secretamente, que isso vá beneficiá-las de alguma forma, seja oferecendo prazer, ou novas ideias sobre coisas familiares, ou visões de coisas desconhecidas, ou apenas descrições do mundo e da psique humana que fazem o mundo ser, mais uma vez, novo, estranho, interessante, um lugar onde vale a pena viver.

Você faz arte porque julga que o que produz é bom, e ser bom significa que é bom para as outras pessoas, não necessariamente agradável ou fácil, mas algo que conduz à verdade, à justiça, à conscientização ou à mudança. Escrevo não ficção e conheço muitos jornalistas, articulistas políticos e historiadores cujos esforços são mais abertamente voltados para mudar o mundo, mas creio que isso também é verdade para os poetas. Nesse último fim de semana uma amiga me enviou um poema de Neruda louvando as "marés do rei" — marés de inverno excepcionalmente altas que temos aqui na Califórnia —, e, embora seja difícil dizer de que modo isso poderia ajudar alguém, ler estes versos me ajuda:

> *El desdén y el deseo de una ola,*
> *El ritmo verde que en lo más oculto*
> *Levantó un edificio transparente**

Pois o prazer também nos ajuda a enfrentar as coisas e fazer o que estamos aqui para fazer. Pois a luta política é proteger o que é vulnerável e o que é belo, e prestar atenção ao vulnerável e ao belo faz parte do projeto.

Dederer escreve:

> Talvez, como mulher escritora, você não vá se matar nem abandonar seus filhos. Mas abandona uma parte do seu ser que alimenta,

---

* O desdém e o desejo de uma onda,/ O ritmo verde que no mais oculto/ Levantou um edifício transparente. (N. T.)

que cuida. Quando você termina um livro, o que está espalhado pelo chão são pequenas coisas quebradas: encontros quebrados, promessas quebradas, compromissos quebrados. E também outros esquecimentos e outras falhas mais importantes: a lição de casa dos filhos, o telefonema para os pais, o sexo conjugal. Essas coisas têm que ser quebradas para que o livro seja escrito.

Esse esquema de Dederer parece sugerir que ser mulher consiste em ser mãe, filha e esposa, e cada uma dessas coisas significa ser infinitamente obrigada a fazer favores aos outros. Postula que o trabalho criativo entra em conflito com a vida pessoal, e que um homem que tem uma vida criativa épica está deixando de fazer outras coisas que as mulheres não podem deixar de fazer, sem — e seus verbos são duros, esmagam — abandonar, esquecer, falhar, quebrar. A ideia de que você "abandona uma parte do seu ser que alimenta, que cuida" sugere que você não pode ser uma pessoa bondosa, solidária e dar apoio aos outros e ao mesmo tempo escrever, e que a parte bondosa e solidária da vida das mulheres é inevitavelmente onerosa.

É um quadro bem conservador em um ensaio que parece desconfiar do engajamento político como mais uma forma de egoísmo — minha amiga ativista climática selecionou e me enviou estas linhas: "Quando você tem um sentimento moral, a autocongratulação nunca demora a chegar. A pessoa coloca suas emoções em um leito de linguagem ética e admira a si mesma ao fazer isso". Mas as pessoas inclinadas à admiração admiram a si mesmas tanto por serem mundanas, libertinas, sofisticadas ao tolerar algumas afrontas, quanto por serem neutras, não se envolverem e ficarem acima das disputas; quem gosta de congratular a si mesmo encontra muitas maneiras de fazê-lo. E engrandecer o próprio ego certamente não justificaria dedicar a vida a organizar os trabalhadores rurais ou a proteger o National

Wildlife Refuge, no Ártico, para citar duas coisas que pessoas que eu conheço estão fazendo. Ao que parece, o que está em jogo aqui é o egoísmo, e tanto ser artista quanto ser idealista são apresentados como atos egoístas. Produzi vinte livros sem abandonar nada nem ninguém, que eu saiba. As relações conjugais, parentais e filiais não são — nem acredito que estou dizendo isso outra vez — inerentes à condição de ser mulher. Conheço mulheres escritoras com filhos adultos, assim como muitas que não tiveram filhos, e mulheres escritoras que descobriram um jeito de escrever e ter filhos (veja acima: cônjuge; igualdade). E até conheço escritores homens que cuidam da família com bastante dedicação. Há muita gente — mulheres, homens e pessoas não binárias — que se encarrega das necessidades das pessoas que ama e que mesmo assim se dedica apaixonadamente à sua arte, ou à revolução, ou à sua profissão. E em geral é com seu trabalho que essas pessoas sustentam a família, quando têm família, pois as crianças talvez precisem que alguém confira sua lição de casa, mas precisam, indispensavelmente, de casa, comida, roupas e plano de saúde.

Escrevi para minha amiga ativista climática que me enviou o ensaio, uma jovem mulher muito consciente:

> Um bom trabalho criativo é um alimento. Ele dá aquilo que é mais importante para o autor e para o mundo. Isto é, como eu disse no meu ensaio "A mãe de todas as perguntas": quem gostaria de que Virginia Woolf tivesse tido bebês em vez de escrever livros? Toda essa ideia de que as mulheres têm que ser ou uma coisa ou outra: eu a rejeito. Rejeito em seu nome também, e o seu trabalho é bondade e solidariedade escritas em letras garrafais.

Rachel Carson cuidou do seu sobrinho-neto assim como nutriu a verdade de que os pesticidas ameaçam a nossa vida, os pássaros e os ecossistemas, e por meio do seu último livro ela mudou o mundo, tornando-o mais seguro para milhões de crianças. Isso é tão saudável em termos planetários que mal consigo descrever o alcance e a bondade dessa luta, e os pelicanos e as garças que vi nos charcos neste fim de semana poderiam estar quase extintos como espécies sem o trabalho dela. Talvez Martin Luther King Jr. devesse ter passado mais tempo com seus filhos, mas eles estão entre os milhões de pessoas cuja vida melhorou com o trabalho que ele ajudou a catalisar, e era também o futuro deles que King tinha em mente. Suas palavras e seus exemplos continuam nos nutrindo, assim como os de todos os heróis do passado que continuamos a lembrar.

Escrever é um trabalho que pode andar de cabeça erguida lado a lado a todos os outros tipos de trabalho úteis que há no mundo; e é de fato um trabalho. Os bons escritores escrevem a partir do amor, por amor, e com frequência, seja diretamente ou não, pela libertação de todos os seres, e a bondade que há nisso é incomensurável.

Toda a raiva

Poderíamos pensar que haveria mais literatura sobre o motivo que está deixando os homens tão zangados — o presidente, a máfia de Charlottesville em 2017, a direita em geral, os valentões de bar, os espancadores de mulheres, os caçadores de gays, os atiradores em massa, o homem que ficou mais famoso do que esperava por gritar com duas mulheres que falavam em espanhol num restaurante de Manhattan em certo dia de maio de 2018. E também todos os homens poderosos e influentes — os abusadores do #MeToo — que têm sido cruéis e degradantes para as mulheres, e ainda os homens que ficaram furiosos quando o *New York Times* nomeou Sarah Jeong para seu conselho editorial, atirando-lhe insultos machistas e racistas porque ela se atrevera a fazer piadas sobre brancos no Twitter. Acrescente-se a raiva insana dirigida à cientista da computação Katie Bouman, em abril de 2019, quando foi homenageada por desenvolver o programa que resultou na primeira imagem fotográfica de um buraco negro. Muitas vezes vemos a raiva entremeada com o sentimento de ter direitos — o pressuposto, subjacente a grande parte da violência nos Estados Unidos, de que a vontade de alguém deve prevalecer e os direitos de alguém têm mais peso que os direitos dos outros, e estes últimos não devem ganhar nada das boas coisas da vida.

A raiva masculina é uma questão de segurança pública, bem como uma força atuante nos movimentos políticos e sociais mais repugnantes do nosso tempo, da epidemia de violência doméstica aos tiroteios em massa, dos neonazistas aos incels.

Como normalizamos o comportamento dos homens, e dos homens brancos em particular, raramente se observa o fato de que muitos movimentos de extrema direita, como o grupo terrorista neonazista americano Atomwaffen Division, são quase exclusivamente masculinos. (O recente livro de Michael Kimmel *Healing From Hate: How Young Men Get Into — and Out of — Violent Extremism*, que examina o papel da fúria masculina na política global, está entre as valiosas exceções.) Até pouco tempo atrás, considerávamos ser inevitável que as mulheres se adaptassem a essas explosões raivosas, carregando spray de pimenta na bolsa, tendo aulas de defesa pessoal e limitando sua liberdade de movimentos, procurando evitar ao máximo esses homens que usam sua volatilidade para intimidar e controlar os outros. Em vez de uma teoria da raiva masculina, temos agora cada vez mais ensaios e livros sobre a raiva feminina, um fenômeno em transição.

O livro *Good and Mad: The Revolutionary Power of Women's Anger*, de Rebecca Traister, examina as causas dessa raiva, sua repressão e sua disseminação nos últimos anos de ação feminista, especialmente em resposta ao tratamento dispensado a Hillary Clinton nas eleições de 2016 e na notável mudança no equilíbrio de poder que as mulheres passaram a exigir com o movimento #MeToo. O livro *Rage Becomes Her: The Power of Women's Anger*, de Soraya Chemaly, se detém nas maneiras pelas quais as emoções das mulheres (e, em contraste, as dos homens) são geridas, julgadas e valorizadas na vida norte-americana contemporânea. Já *Eloquent Rage: A Black Feminist Discovers Her Superpower*, de Brittney Cooper, é uma narrativa em primeira pessoa sobre poder, solidariedade, raça, gênero e suas interseções. Esses livros chegaram num momento em que muitas mulheres mudaram, porém muitos homens não mudaram — e alguns estão, na verdade, regredindo para uma misoginia intensa e uma raiva contra a erosão da sua supremacia. As mulheres que não são mais obrigadas a agradar aos homens podem enfim expressar raiva, porque estamos menos dependentes economicamente dos homens do que jamais estivemos, e porque o feminismo já redefiniu o que é apropriado e aceitável expressar. "As expectativas quanto aos papéis de gênero [...] ditam o grau em que podemos usar a raiva efetivamente em contextos pessoais e para participar da vida cívica e política", observa Chemaly. "Uma sociedade que não respeita a raiva das mulheres é uma sociedade que não respeita as mulheres — como seres humanos, como pensadoras, conhecedoras, participantes ativas ou cidadãs." As mesmas transformações feministas que permitiram surgir essa enxurrada de livros podem, no futuro, desgastar as causas da nossa raiva. Grande parte da raiva discutida em todos esses livros vem do sentimento da mulher de ser impedida, frustrada — de não conseguir exigir respeito, igualdade, controle sobre o próprio corpo e o próprio destino, ou de testemunhar a opressão de outras mulheres. Uma das armadilhas na tentativa de conseguir igualdade é confundir ganhar poder com soltar a raiva. Para todas nós, o dilema é este: como podemos, sem idealizar nem enraizar a raiva, conceder às pessoas não brancas e não homens direitos iguais para sentir e expressar a raiva?

Há uma história zen que ouvi há muito tempo sobre um samurai que exige que um sábio lhe explique o céu e o inferno. O sábio responde perguntando por que ele deveria explicar alguma coisa a um idiota como o samurai. Este fica tão enfurecido que puxa a espada e se prepara para matar. O sábio diz, quando a lâmina se aproxima: "Isto é o inferno". O samurai faz uma pausa e a compreensão começa a fluir. O sábio diz: "Este é o céu". É uma história que coloca a raiva como sofrimento e ignorância, e a consciência como sua antítese.

A raiva verbal e a violência física são fraquezas. Penso aqui no livro de Jonathan Schell sobre o poder da não violência, *The Unconquerable World: Power, Nonviolence and the Will of the People*, que defende a ideia de que até a violência do Estado é, em última instância, uma fraqueza, uma vez que, como escreveu a musa do livro, Hannah Arendt, "o poder e a violência são opostos; onde o poder governa absolutamente, a violência está ausente […], portanto falar em poder não violento é, na verdade, uma redundância". A equanimidade é uma das principais virtudes budistas e, segundo muitas filosofias budistas, a raiva é considerada um veneno. Muitas vezes ela endurece, tornando-se ódio, ou ferve e transborda em surtos de violência. O sábio deixa óbvio que o samurai se sente muito mal quando está prestes a cometer um assassinato. As pessoas zangadas são infelizes. O sábio também mostra que o samurai se deixa facilmente levar para lá ou para cá pelo que alguém faz ou diz. As pessoas facilmente iradas são facilmente manipuladas.

No entanto, aqui no Ocidente falamos bastante sobre a raiva e somos muito mais parecidos com o samurai do que com o sábio. Assumimos, pelo menos em relação à raiva masculina, que é uma reação inevitável e normal a coisas desagradáveis e insultantes e que é algo poderoso. Em meados de 2018, a NBC transmitiu um vídeo mostrando um homem em Nashville tendo um acesso de fúria depois de fazer repetidos convites a uma mulher num posto de gasolina e ela recusar. (Será que ele achava que as mulheres vão a um posto de gasolina para conseguir um encontro, e não gasolina e talvez um refrigerante? Ou será que ele pensava apenas que as mulheres, de modo geral, lhe devem alguma coisa, e ele tem o direito de punir qualquer pessoa do sexo feminino pela desobediência?) No vídeo, o homem pula em cima do carro da mulher, chuta o para-brisa e passa então a agredi-la diretamente. Essa incapacidade de aceitar um não como resposta está longe de ser rara. Desde 2014, um post no Tumblr intitulado "Quando as mulheres recusam" tem feito o acompanhamento da "violência praticada contra mulheres que recusam investidas sexuais". Não faltam exemplos, alguns deles fatais.

Para aqueles cuja raiva é permitida, expressá-la pode trazer recompensas — caso você queira fazer parte de um sistema de intimidação e extorsão, se você considera as pessoas com quem interage sobretudo como concorrentes que devem ser intimidadas, em vez de acolhê-las como colaboradoras. Algumas das pessoas mais privilegiadas do mundo vivem em fúria e passam a vida rugindo de raiva, em especial o presidente e seus seguidores brancos mais velhos, cujos rostos, distorcidos de fúria, podemos ver em seus comícios. Essa gente vive com raiva, talvez porque a alternativa seja refletir sobre a injustiça e a complexidade desta época e deste lugar e tudo que isso exige de nós.

Muitos aspectos que Traister e Chemaly abordam em seus livros contêm um dilema: vivemos em um mundo em que há tanta coisa contra as mulheres, incluindo o fato de que muitos homens desejam nos prejudicar, humilhar e subjugar; e, contudo, reagir a tudo isso também acarreta punições. Quando uma mulher demonstra raiva, como observa Chemaly, "ela automaticamente viola as normas de gênero. Ela é recebida com aversão, vista como alguém mais hostil, mais irritável, menos competente e nada simpática". Mas mesmo se, por exemplo, ela afirmar calmamente que a violência de gênero é uma epidemia, pode ser atacada e tachada de raivosa, e essa raiva pode ser usada como uma forma de desconsiderar as provas apresentadas, em uma sociedade que muitas vezes ainda espera que as mulheres sejam agradáveis e obedientes. Um caso perturbador relatado por Chemaly demonstra que o direito de ficar com raiva é negado às mulheres desde muito cedo na vida, e como isso leva a uma privação de outros direitos. Na sala de pré-escola de sua filha, um menino sempre derruba as torres que a menina constrói, e os pais do menino justificam a agressão dele, recusando-se a fazer qualquer coisa para combatê--la. "Eles simpatizaram com a frustração da minha filha até certo ponto, mas disseram esperar, sinceramente, que ela encontrasse uma maneira de se sentir melhor", escreve Chemaly. "Eles não pareciam 'ver' que ela estava com raiva, nem entendiam que a raiva dela exigia algo do menino, em relação direta com a inação dos pais. Ficaram perfeitamente satisfeitos em contar com a coo-peração dela para que ele pudesse dar vazão ao que quer que fosse que ele quisesse dar vazão; mas não se sentiam na obrigação de pedir a ele que fizesse o mesmo." A menina tem de se adaptar ao comportamento maldoso dele e aprender os limites do seu valor e de sua capacidade de agir; ele, porém, não precisa fazer nada disso, e assim os papéis de gênero são reforçados desde bem cedo.

Todas as três autoras ressaltam que a raça, assim como o gê-nero, determina se a raiva de alguém é tolerada ou condenada. Entre as mulheres negras entrevistadas por Traister estão Alicia Garza, cofundadora da Black Lives Matter, e Barbara Lee, uma congressista. Lee conta histórias emocionantes sobre seu nasci-mento, num hospital onde sua mãe quase morreu devido à sua cor, e sobre sua mentora, Shirley Chisholm, congressista e can-didata à presidência em 1972. Chemaly também fala sobre como os conservadores imaginavam a raiva de Michelle Obama e a questionavam; e também reflete sobre a forma como sua própria família evitava a dor e a raiva das mulheres. Ela se pergunta se foi a raiva que fez sua mãe quebrar todos os melhores pratos da casa, arremessando-os silenciosamente; se era raiva que sua avó, sequestrada na adolescência por seu avô, sentia em relação a uma vida em que tinha muito pouca voz.

O livro de Traister documenta momentos em que as mulheres subverteram as expectativas de silêncio e conformismo e conseguiram gerar mudanças. Além de eventos recentes, ela apresenta rapidamente histórias do passado dos Estados Unidos, como a atuação de Mary Harris Jones, a chamada "Mother Jones", cofundadora da Industrial Workers of the World [Trabalhadores Industriais do Mundo]; Fannie Peck, que organizou as Housewife Leagues [Ligas das Donas de Casa] em Detroit; e a recém-descoberta atuação feminista de Rosa Parks, anterior ao famoso episódio do ônibus; as drag queens e mulheres trans que lideraram o motim de Stonewall, mas cujas histórias se perderam; e Anita Hill, que enfrentou homens brancos condescendentes e cruéis ao prestar depoimento na audiência de confirmação do juiz Clarence Thomas.

Traister considera que, em cada um desses casos, o motivo que levou essas mulheres a tomar uma posição foi a raiva — uma raiva que lhes deu a energia para fazer o que fizeram. Mas às vezes parece que a energia pode vir de outro motivo. Traister cita a congressista Lee, que disse que, em público, Chisholm era "tão composta, a voz e comportamento dela tão firmes e fortes, tão incisivos", mesmo quando estava aborrecida. "Mas a portas fechadas ela baixava a guarda e reconhecia a sua dor." Seria essa dor o mesmo que a raiva? Ou seria outra coisa? Em 1964, a ativista de direitos civis Fannie Lou Hamer disse: "Já estou exausta de ficar exausta!" — e isso também parece algo que não é exatamente raiva, talvez frustração e o cansaço do combate. Traister cita Garza: "O que está por trás da minha raiva é uma tristeza profunda", e lhe parte o coração "ficar sabendo que uma mulher tão visionária como Shirley Chisholm costumava chorar".

Mais tarde, Garza diz a Traister que a pergunta que se coloca para nós é: "Estaremos preparadas para ser o primeiro movimento da história a aprender a vivenciar essa raiva? Sem expulsá-la ou suprimi-la, mas aprendendo a passar por ela, nós todas juntas, em prol do que está do outro lado?".

O que está do outro lado não fica óbvio, mas Garza assume, sem dúvida, a visão do sábio, embora tenha compaixão pelo samurai que há em todos nós. Talvez Brittney Cooper já esteja do outro lado. Seu livro trata do amor tanto quanto da raiva: o amor-próprio e a luta para encontrá-lo e mantê-lo; o amor pelas muitas mulheres da sua vida, bem como por diversas figuras públicas, desde Ida B. Wells até Audre Lorde, Terry McMillan e Hillary Clinton (as três autoras falam sobre Hillary); e, mesmo que implicitamente, o amor pela justiça, pela igualdade, por corrigir os erros e dizer as verdades. É uma obra calorosa, generosa, ardente. Todos os três livros são compêndios de um enorme número de casos e anedotas sobre figuras da vida americana recente, mas o de Cooper é distinto, tanto pela narrativa, que é a trajetória da própria autora, quanto por sua voz pessoal e eloquente. Unindo sua erudição (ela é professora da Universidade Rutgers) ao seu bom uso da linguagem, é um livro engraçado, doloroso, conciso e afiado.

Voltando à historieta, parece que a interação entre o samurai e o sábio trata de coisas muito menos óbvias que a fúria e a moderação. Uma dessas coisas é o poder: se o sábio estivesse segurando a espada, e com ela o poder sobre a vida e a morte, é fácil imaginar que seu interlocutor não estaria tão ansioso para recorrer à violência, e a interação entre eles teria parado no insulto. Agora imagine se uma mulher desarmada fizesse a mesma pergunta ao sábio e ele lhe dissesse que ela era burra e incapaz de receber a iluminação. Tal como o samurai, ela poderia ficar ressentida; mas, ao contrário dele, poderia não expressar esse ressentimento, pois imaginaria que ficaria aberta a outros tipos de condenação se o expressasse.

Ou talvez ela aceitasse a definição do sábio da sua falta de valor e o direito dele de depreciá-la; nesse caso ela não ficaria irada, mas apenas infeliz, acreditando na sua própria inferioridade e na autoridade dele. Esse é outro tipo de inferno onde muita gente habita. Não pense na guerreira Uma Thurman no filme *Kill Bill*, usando uma espada de samurai para decepar o topo da cabeça de uma adversária (uma mulher asiática); pense na Uma Thurman real, que parecia, antes do #MeToo, ter normalizado, há muito tempo, o abuso perpetrado pelo diretor Quentin Tarantino.

Tanto Chemaly quanto Traister veem Thurman como um exemplo contrário das outras mulheres que descrevem, que liberam sua raiva de maneira mais irrefreada. Quando perguntaram a Thurman, em outubro de 2017, o que ela pensava sobre Harvey Weinstein e a insurreição do #MeToo, ela relutou em desabafar: "Eu não tenho uma frase de efeito pronta para você, porque já aprendi — eu não sou criança — que, quando falo com raiva, em geral me arrependo da maneira como me expressei. Assim, estou esperando sentir menos raiva. E quando eu estiver pronta direi o que tenho a dizer". Para Chemaly, essa resposta mostra que Thurman estava cerceada pelas inibições; ela deveria ter falado tudo naquele momento. "A percepção da atriz da posição em que se encontrava", argumenta Chemaly, "reflete a precariedade das mulheres, mesmo de mulheres poderosas, quando sentem essa raiva."

Traister também analisa as imagens extraordinárias de Thurman com os dentes cerrados (ela é filha de um renomado praticante e estudioso budista, e talvez tenha absorvido algumas ideias não ocidentais sobre os usos e abusos da raiva). Mas ela propõe que "às vezes há uma estratégia por trás da supressão da raiva; no caso de Thurman, ela estava esperando para contar sua história integralmente". Meses depois, em uma entrevista ao *New York*

Times, Thurman fez exatamente isso, revelando que considerava que Tarantino a havia submetido a uma "desumanização até quase chegar à morte" quando a obrigou a fazer uma cena perigosa em um carro inseguro e ela bateu, ficando com ferimentos permanentes e dolorosos. Thurman confidenciou que, até aquele momento, o abuso que havia sofrido por parte de Tarantino — incluindo o dia em que ele cuspiu em seu rosto — "era como uma horrível luta na lama com um irmão muito bravo". A cena do carro foi diferente — não apenas degradante, mas quase fatal. "Pessoalmente, levei 47 anos até parar de dizer que pessoas que te tratam com crueldade estão 'apaixonadas' por você", refletiu ela. "Demorou muito tempo porque acho que, quando somos jovens, nos condicionam a acreditar que a crueldade e o amor têm alguma conexão e que essa é uma fase por que todas temos de passar para evoluir." Ou seja, as mulheres são condicionadas a aceitar o abuso — e não só isso, mas a aceitá-lo como se fosse o oposto (e continuar deixando os meninos derrubarem suas torres). O poder que uma pessoa tem de definir a sua própria experiência é um dos poderes mais importantes que se pode ter.

Thurman colocou em xeque a reputação de dois homens poderosos com quem havia trabalhado ao falar sobre sua própria luta e sobre a situação das mulheres exatamente da maneira como desejava falar. Ela esperou até poder ser levada em consideração e ser eficaz. Seu objetivo não era apenas desabafar ou, como na expressão em inglês, *let off steam* ("soltar o vapor") — uma metáfora da era da Revolução Industrial que coloca o ser humano como um motor cuja pressão vai aumentando e tem de ser liberada. O objetivo de Thurman, aparentemente, era dizer a verdade de uma maneira que tivesse consequências, tanto para os homens que a maltrataram como para o público em geral — e talvez para as participantes da insurreição feminista em andamento, pois histórias como a dela podem fortalecer outras mulheres e o movimento pelos direitos das mulheres. Ou seja, talvez ela estivesse buscando uma libertação mais ampla, e não uma liberação emocional imediata.

A própria palavra "raiva" é um termo genérico para muitos fenômenos simultâneos mas distintos. Entre eles estão a revolta, a indignação e o sofrimento, que em geral nascem da empatia pelas vítimas, e não da antipatia pelos perpetradores. Esses sentimentos, que às vezes duram a vida inteira, podem não incluir a reação fisiológica temporária que é a raiva corporal, com aumento da pressão sanguínea, pulso acelerado, tensão e muitas vezes um surto de energia. Essa reação é, no momento em que surge, uma preparação para enfrentar o perigo. Pode ser útil se a pessoa estiver realmente sendo atacada; mas quando se torna um estado crônico faz o corpo lutar contra si mesmo, com um impacto que pode ser devastador ou até fatal. Sempre me impressiona ver que certas pessoas que têm tantos motivos para sentir raiva parecem tê-la abandonado, talvez porque essa raiva poderia devorá-las. Isso inclui presidiários falsamente acusados, organizadores dos trabalhadores rurais, militantes indígenas e líderes do movimento negro, que estão mais próximos do sábio do que do samurai da nossa história e que são poderosos quando se trata de realizar coisas e avançar rumo aos seus objetivos.

Tive uma experiência formativa em meados dos anos 1990, quando trabalhei com ativistas tentando divulgar os efeitos do urânio empobrecido em pessoas que haviam sido expostas a esse elemento na Guerra do Golfo de 1991 e em locais de testes armamentícios nos Estados Unidos. Levei dois especialistas dedicados a essa causa a uma estação de rádio, e, durante toda a entrevista, eles e o apresentador do programa sustentaram propósitos totalmente diferentes. Meus colegas eram movidos por amor e compaixão pelos soldados e pelos civis expostos àquele material nos Estados Unidos e no Iraque, e queriam falar sobre esse sofrimento e as soluções possíveis. O interlocutor — que, se fosse mulher, poderia ser chamado de histriônico, egocêntrico e volátil — não estava realmente interessado; parecia motivado por seu ódio pelo governo e sempre buscava transformar a conversa em acusações às instituições de poder. Ele não captava e não assimilava o que os especialistas tentavam dizer, sempre procurando fazer a história deles caber no seu molde.

Muitos dos grandes ativistas — de Ida B. Wells a Dolores Huerta, de Harvey Milk a Bill McKibben — são motivados pelo amor, em primeiro lugar. Se estão com raiva, sua raiva é contra aquilo que prejudica as pessoas e os fenômenos que eles amam; mas seu desejo é principalmente de proteção, não de vingança. O amor é essencial; a raiva, talvez opcional.

Se eu fosse homem

Quando eu era bem jovem, alguns amigos gays deram uma festa à qual os homens iriam vestidos de mulher e vice-versa. Meu namorado da época, com a ajuda da mãe, se saiu tão bem que muitos homens heterossexuais ficaram nervosos; eles tinham que ter certeza de que aquela sereia insinuante numa camisola apertada não ia comprometer a heterossexualidade deles. Eu não estava tão convincente como homem, um tipo Rod Stewart com uma barba feita com carvão, e fiquei um tanto surpresa ao perceber que, para mim, personificar um homem significava me espalhar no sofá com as pernas abertas, arrotar, coçar as partes íntimas, olhar para as pessoas de cara feia e falar palavrões. A sensação de não precisar agradar a ninguém nem ter de ser simpática era divertida, mas aquele sujeito não era, necessariamente, alguém que eu queria ser.

Tenho idade para me lembrar do tempo em que as meninas não podiam ir à escola de calça comprida até o meio do primário. Lembro-me do colunista de um jornal local argumentando, rabugento e até em pânico, que se as mulheres usassem calça comprida a diferença entre os sexos desapareceria, o que ele via como algo aterrorizante. Sempre usei jeans e calçados resistentes, mas também batom e cabelo comprido, e ser mulher me permite caminhar nessa fronteira entre o que era considerado masculino e feminino. Mas eu me pergunto, de tempos em tempos, como seria a vida se eu fosse homem. Mas não pretendo com isso aspirar nem me apropriar do sofrimento associado à disforia de gênero e às questões mais profundas acerca do corpo, da sexualidade e do senso da própria identidade que as pessoas trans têm que enfrentar.

Gosto de muitas coisas relacionadas a ser mulher, mas há momentos e maneiras em que ser mulher é uma prisão e, às vezes, em devaneios, eu saio dessa prisão. Bem sei que ser homem pode ser uma prisão de outras maneiras. Conheço e amo muitos homens, heterossexuais, bissexuais e gays, vejo os fardos que eles carregam e fico feliz por não carregar. Há toda uma série de coisas que um homem não deve fazer, dizer ou sentir; uma patrulha constante em cima dos meninos para impedi-los ou puni-los por fazer qualquer coisa em desacordo com as convenções da masculinidade heterossexual, aqueles meninos para quem, em seus anos de formação, termos como "veado" e "mulherzinha" — não ser hétero, ou não ser macho — são os epítetos mais degradantes.

Na década de 1970, quando alguns homens estavam descobrindo como a sua própria libertação poderia ser paralela à libertação das mulheres, houve uma manifestação em que os homens levavam a seguinte faixa: "O homem não é apenas um objeto de sucesso". Talvez, quando menina, eu tenha sido liberada pelas expectativas de que no futuro eu viria a ser um fracasso, ou alguma versão do fracasso. Eu poderia me rebelar alcançando o sucesso, ao passo que muitos homens de classe média da minha época parece que se rebelavam fracassando, já que as expectativas para eles tinham sido altas demais. Isso tinha o lado positivo de lhes dar mais apoio, às vezes, pelos seus esforços, mas também tinha o lado negativo, com mais pressão e exigências mais elevadas. Eles sabiam que ao crescer deveriam se tornar presidente da República, ou o orgulho e a alegria da mamãe, ou o arrimo da família, ou um herói — enfim, fazer, de alguma forma, coisas notáveis; ser um homem comum, decente e trabalhador podia ser considerado insuficiente. Mas o sucesso estava disponível para eles, e isso era uma vantagem — e continua sendo. Ainda temos desproporções absurdas nessas frentes; o *New York Times* relatou, em 2015, que "há menos grandes empresas dirigidas por mulheres do que por homens chamados John". Entre as principais empresas dos Estados Unidos, "para cada mulher diretora há quatro homens chamados John, Robert, William ou James".

Quando minha mãe estava viva e com boa saúde, eu costumava dizer, brincando, que meu problema era ser "um filho perfeito". Eu sentia que o que ela esperava de mim era profundamente diferente do que esperava dos seus três filhos homens. Eu dizia, brincando, que eles tinham de consertar o telhado dela; e eu tinha que consertar sua psique. Ela queria algo impossível de mim: uma combinação de melhor amiga, confidente, fonte de alimento emocional, uma pessoa com quem ela poderia desabafar sobre qualquer coisa a qualquer momento ou apenas castigar sem consequências — uma pessoa que nunca iria discordar, ir embora ou afirmar suas próprias necessidades, uma pessoa que não era uma pessoa, ou seja, o que ela mesma fora treinada para ser. Ela morava a cerca de trinta quilômetros ao norte de San Francisco, onde moro desde os dezoito anos, e eu me dispunha a aparecer regularmente, incluindo feriados, Dia das Mães e aniversário dela, para levar presentes, ouvir e ser útil de maneiras práticas, enquanto seguia levando minha própria vida (eu tinha saído de casa e me tornado financeiramente independente aos dezessete anos). Mas isso não bastava para uma filha.

Na realidade, ela se ressentia das oportunidades que eu tinha e que ela achava que não teve; e, de certa forma, achava que minha carreira atrapalhava meu papel de cuidadora dela, ou de cuidadora de modo geral. Eu sabia que uma forma aceitável de fugir dessa dedicação a ela seria me dedicar a outras pessoas — arranjar um marido, ter filhos — e não estar indisponível porque estava trabalhando e vivendo minha própria vida. Quando eu era jovem, ela recitava para mim o ditado: "Um filho é filho até arranjar uma esposa; uma filha é filha a vida toda". Nas suas expectativas havia essa mensagem subjacente: eu sacrifiquei minha vida pelos outros; sacrifique a sua por mim.

Eu não sou um altar para sacrifício, mas meu trabalho também foi motivo de conflito para outras pessoas. Comecei e terminei a faculdade cedo, fiz pós-graduação em jornalismo na Universidade da Califórnia em Berkeley, onde me formei pouco antes de completar 23 anos, trabalhei numa revista, deixei a revista e, meio sem querer, me encontrei como jornalista freelancer, que é como ganho a vida há três décadas. Publiquei um livro aos trinta anos e depois outros — são cerca de 24 até o momento.

No início da minha amizade com uma autora feminista mais velha que já escreveu muitos livros influentes, nós costumávamos rir dos caras que conhecíamos que ficavam perturbados ao ver que nós duas já havíamos publicado tanta coisa. Parecia que eles sentiam que precisavam ter mais sucesso do que as mulheres por quem tinham atração; que, de alguma forma, nosso trabalho criativo era um ato de agressão ou de competição. As mulheres não se relacionam com os homens da mesma maneira (embora um romancista tenha me dito uma vez que sua ex-esposa o fazia sentir-se como um cavalo de corrida no qual ela estava apostando). Nós brincávamos: "Se eu soubesse que iria conhecer você, teria queimado meus manuscritos". Ou então: "Você acha que este livro faz meu cérebro parecer muito grande?". Os meninos podem ser estigmatizados como nerds e *geeks*, mas ninguém os censura por serem inteligentes demais. Já as meninas podem sofrer essa censura, e muitas aprendem a esconder sua inteligência, ou simplesmente abandoná-la, ou desvalorizá-la, ou duvidar dela. Ter opiniões fortes e ideias precisas é incompatível com adular e ser submissa.

O que é considerado autoconfiança em um homem é visto como competitividade em uma mulher; o que é liderança em um homem é autoritarismo em uma mulher; até mesmo palavras como "mandona", "piranha" ou "chata" são aplicadas especialmente às mulheres. (E a campanha presidencial de 2019 nos lembra que até opiniões positivas, como "ser carismático", também têm um viés de gênero.) Algumas décadas atrás conheci uma mulher que era campeã mundial de artes marciais. A família do marido ficou desconcertada pelo fato de que ele não conseguiria bater nela. Eles não supunham que ele queria bater, mas presumiam que ele ficava, de alguma forma, afeminado ou fragilizado por não poder bater, pelo fato de que ela não o fazia se sentir poderoso dessa maneira abominável. Ele, por sua vez, felizmente não dava a mínima para isso.

Quando menina, eu gostaria que minha inteligência e meu trabalho intelectual fossem considerados um bem indiscutível e uma fonte de orgulho, e não algo que eu tivesse que manejar com delicadeza para não incomodar nem ofender ninguém. O sucesso pode conter um fracasso implícito para as mulheres heterossexuais, de quem se espera que sejam bem-sucedidas como mulheres fazendo com que os homens se sintam divinos em sua força e poder. Como refletiu Virginia Woolf: "As mulheres serviram durante todos esses séculos como espelhos com o poder mágico e delicioso de refletir a figura do homem com o dobro do seu tamanho normal". O que pode parecer algo que você é obrigada a ser, e eles têm o direito de ver.

Já conheci muitos homens brilhantes cujas esposas serviam à carreira deles e viviam à sombra deles, e casar com um homem bem-sucedido ainda é considerado, em muitos círculos, o auge da realização de uma mulher. Algumas daquelas mulheres conseguiram prosperar, mas muitas pareceram diminuídas pelo seu papel de ajudantes e servas; e, se elas se divorciavam, se divorciavam também da identidade que haviam ajudado a construir e manter e, com frequência, da riqueza que a acompanha. Já houve tantas e tantas mulheres que ficaram em casa criando os filhos enquanto os homens saíam em busca de aventuras e realizações. E ainda há. Esses homens héteros com suas prósperas carreiras e famílias — ninguém pergunta a eles "como eles conseguem conciliar tudo", porque nós sabemos a resposta: é simples, o jeito é "ela".

A primeira edição da revista *Ms.*, em 1972, publicou um ensaio histórico intitulado "Por que eu quero uma esposa", de Judy Brady. É uma lista estarrecedora de todas as coisas que uma esposa pode fazer por seu marido e filhos, a mulher como uma espécie de serva autogerida. E, recentemente, um dos meus melhores amigos me disse que está perplexo com os sorrisos e elogios que recebe ao sair em público com seu filho pequeno, como se cuidar do filho fosse algo opcional e ele merecesse ganhar pontos por isso. Parece que tudo o que um pai fizer, exceto a parte financeira, é um bônus, um extra; e nada que uma mãe fizer é suficiente. Essa é uma das razões pelas quais uma mulher pode querer ser homem (e porque optar por ter filhos pode significar algo totalmente diferente para uma mulher do que para um homem, a não ser que ela tenha aquela coisa ainda tão rara: um parceiro cujo comprometimento com o trabalho de criar os filhos seja verdadeiramente igualitário). Se eu fosse homem, ou se tivesse uma mulher como parceira, poderia ter feito opções muito diferentes acerca de casamento e filhos.

Muitas vezes ouvimos afirmações implicando que é muita generosidade por parte de um homem aguentar o brilho ou o sucesso de uma mulher, embora cada vez mais casais heterossexuais estejam negociando essa situação, já que mais mulheres agora sustentam a família ou têm o salário mais alto (e Leonard Woolf, marido de Virginia Woolf, foi exemplar no seu apoio ao trabalho da esposa, que ofuscou totalmente o seu próprio). Pense nas expressões usadas acerca de homens que se relacionam com mulheres bem-sucedidas: "ele está levando bem a situação", "não está chateado", "para ele está tudo bem", "está lidando bem com a coisa", "ele não se incomoda"... Essas expressões nos lembram que o sucesso feminino pode ser considerado uma espécie de fardo, intrusão ou comportamento inadequado. Se é difícil para ele que ela seja boa no que faz, será, então, que é fácil para ele quando ela é medíocre? E será que isso torna a mediocridade segura, ou até algo a se aspirar?

Quando eu era adolescente, sabia que deveria ser a plateia, e não uma participante ou o centro das atenções. Assim como a maioria das mulheres, até mesmo depois da idade em que algum estranho exigia que eu lhe desse um sorriso, já me aconteceu de homens totalmente desconhecidos chegarem até mim para descarregar suas teorias ou suas histórias consideravelmente longas, sem oferecer nenhum espaço para reciprocidade na conversa, se é que se pode chamar de conversa essa via de mão única. Sabemos que isso é real por estudos já feitos mostrando que os meninos são mais solicitados a falar na escola, e quando adultos falam mais nas reuniões e interrompem mais as mulheres do que interrompem outros homens.

Na década de 1990, a artista Ann Hamilton deu para seus alunos chapas de madeira compensada leve, de 1,20 por 2,40 metros; cada um deveria carregar aquela chapa para todo lugar aonde fosse, durante uma semana. Esse exercício os fez tomar consciência de como é difícil atravessar os espaços; eles andavam sempre desajeitados, sempre correndo o risco de se chocar contra as pessoas e as coisas, provavelmente sempre pedindo muitas desculpas. O sucesso às vezes é um pouco assim para as mulheres — uma coisa grande e desajeitada, que sempre se supõe estar atrapalhando os outros e pela qual você tem que se desculpar de tempos em tempos. Como seria obter um sucesso que não tivesse nada de fracasso, que não fosse nada incômodo, nem motivo para pedir desculpas, algo que você não precisasse minimizar? Como seria ter um poder que aumenta a sua atratividade, em vez de diminuí-la? (A própria ideia de que é atraente não ter poder nenhum é algo terrível — e muito real.)

Ann Hamilton teve uma carreira fantástica, inclusive pela escala e a ambição do seu trabalho desde o início, algo que parecia excepcional quando ela apareceu na cena artística ao final dos anos 1980. Eu me lembro de todas as jovens estudantes de arte que conheci naquela época, que faziam coisas minúsculas, furtivas, expressando algo sobre sua condição, inclusive a falta de espaço que elas se sentiam livres para ocupar. Como se pode pensar grande quando todos esperam que você não atrapalhe ninguém, não abuse da receptividade, se cuide para não ofuscar nem intimidar ninguém? Ann me escreveu quando lhe perguntei sobre essa tarefa com as chapas de compensado, há muito tempo: "Ainda estou tentando mudar o hábito de pedir desculpas — embora eu não hesite em pedir ajuda para projetos —, mas pedir para mim mesma traz à tona aquele velho 'Desculpe, por favor…'".

Mulheres mais velhas do que eu têm histórias horripilantes para contar, e nós ainda não saímos das sombras por completo. Ruth Bader Ginsburg, juíza da Suprema Corte, conta como foi a sua chegada à faculdade de direito nos anos 1950: "O reitor então perguntou a cada uma de nós, uma por uma, o que estávamos fazendo na faculdade de direito, ocupando um lugar que poderia ser de um homem". E os problemas não se limitam às profissões de elite: mulheres encanadoras, eletricistas, empreiteiras e mecânicas já me contaram que foram tratadas como incompetentes, intrometidas ou ambas as coisas nas suas áreas profissionais.

Não é difícil encontrar histórias de terror contemporâneas sobre mulheres que não conseguem proferir uma só palavra nas reuniões, têm suas ideias roubadas por outros, não são promovidas como seriam se fossem homens, são assediadas e apalpadas, ou, no mundo do colarinho branco, não são convidadas para as sessões de confraternização dos executivos. No Vale do Silício, as histórias de assédio sexual e discriminação contra as mulheres são tão comuns que parecem descrever a regra e não a exceção, e a essência dessas histórias é que as empresas de tecnologia toleram o assédio sexual mais do que toleram as pessoas que o denunciam.

Ainda temos um longo caminho a percorrer. Uma aluna de uma faculdade exclusiva para mulheres me disse que se sentia emocionada por estar em um habitat intelectual onde nenhum rapaz brilhante iria dominar as conversas em sala de aula, como acontecia no ensino médio; outro prazer era voltar para a residência estudantil atravessando o campus às três da manhã sem se preocupar com a segurança. (Há casos de mulheres que cometem abusos sexuais, mas seu número é minúsculo comparado ao dos homens.) As mulheres também são alvo no mundo on-line: num pequeno experimento no Twitter, a escritora Summer Brenner pegou emprestada a foto do perfil do seu irmão e em vez do seu primeiro nome colocou apenas iniciais — como resultado, o assédio que sofria na rede caiu para quase zero. Uma mulher pode aspirar a ser homem apenas para se livrar da perseguição masculina, e muitas mulheres já fizeram isso, desde que George Eliot, Currer Bell (pseudônimo de Charlotte Brontë) e George Sand publicaram suas obras assinando com um nome ambíguo ou masculino para conseguir as vantagens, ou melhor, a ausência de desvantagens que isso oferece. Jane Austen publicou anonimamente durante toda a vida.

Se eu fosse homem... Eu não senti vontade de ser outra pessoa, mas sim, de tempos em tempos, de ser tratada como outra pessoa, ou deixada em paz, como aconteceria se eu fosse homem. Em especial, já tive muita vontade de caminhar sozinha em cidades ou em trilhas nas montanhas sem ser incomodada. Não é possível "vagar sozinho como uma nuvem"* se você está sempre olhando em volta para ver se está sendo seguida, ou se preparando caso a pessoa que está passando ao lado decida agarrá-la. Eu já levei cusparadas, fui insultada, ameaçada, atacada, agarrada, assediada, seguida; mulheres que conheço já foram perseguidas tão ferozmente que tiveram de viver escondidas, às vezes durante anos; outras mulheres que conheço foram sequestradas, estupradas, torturadas, esfaqueadas, apedrejadas, deixadas semimortas. Isso exerce um impacto no seu senso de liberdade, para dizer o mínimo.

Uma pequena parte da minha consciência fica perpetuamente ocupada por essas questões de sobrevivência sempre que estou sozinha na rua, apesar de que já estive em alguns lugares — Islândia, Japão, áreas de natureza extremamente remotas cuja única ameaça eram os ursos — onde senti que não precisava pensar nisso. Foi em caminhadas solitárias que muitos escritores, como Wordsworth, Rousseau, Thoreau, Gary Snyder, elaboraram boa parte das suas reflexões e das suas obras; o mesmo acontece comigo, mas sou sempre interrompida tanto por elementos externos quanto por esse monitor interno, sempre pensando na minha segurança. Sei que o fato de ser branca faz a balança pender para o outro lado nesse aspecto; graças a isso posso ir a lugares onde uma

---

* Alusão a um poema de William Wordsworth, "I Wandered Lonely as a Cloud". (N. T.)

pessoa negra não pode ir, e, se me pergunto como seria a minha vida se eu tivesse nascido negra, a resposta breve seria: uma vida diferente em quase todos os aspectos imagináveis.

Há muitas histórias de pessoas que se vestem como o sexo oposto não por uma questão de autoexpressão, mas por propósitos práticos, assim como há pessoas não brancas se fazendo passar por brancas. Deborah Sampson e Anna Maria Lane estão entre as mulheres que lutaram contra os ingleses na guerra da independência dos Estados Unidos vestidas como homens; outras mulheres fizeram o mesmo para entrar no Exército da União durante a Guerra Civil. George Sand usava um nome de homem para atravessar o universo literário da França do século XIX e vestia roupas de homem para atravessar Paris. Ela não queria apenas fugir ao assédio, mas também se livrar dos sapatos traiçoeiros e das roupas com metros e metros de tecido que dificultavam andar por uma cidade imunda e mal pavimentada. Ela trocou essas coisas frágeis por botas sólidas e roupas resistentes, assim podia passear com confiança em qualquer clima e a qualquer hora do dia e noite, e amava fazer isso.

Não são poucas as coisas que as mulheres usavam, e ainda usam, que são um impedimento e um confinamento. Algumas mulheres que fugiram das Torres Gêmeas no ataque de Onze de Setembro saíram descalças, dilacerando os pés, porque os sapatos impediam sua mobilidade. Como é passar boa parte da vida usando sapatos que deixam você menos estável e menos rápida do que as pessoas ao redor? Algumas mulheres usam roupas apertadas que dificultam os movimentos, roupas frágeis, roupas nas quais se pode tropeçar. Essas roupas podem ser divertidas e charmosas, mas como uniforme, para o dia a dia, deixam a pessoa incapacitada.

O gênero molda todos os espaços — social, conversacional, profissional e também literal — que nos são dados para ocupar.

Quem somos, percebi enquanto participava da criação de um atlas de Nova York, é algo incorporado até mesmo na paisagem da cidade, onde muitas coisas têm nomes de homens e poucas têm nomes de mulheres, desde ruas e edifícios — Lafayette Street, Madison Avenue, Lincoln Center, Rockefeller Center — até cidadezinhas próximas como Paterson, Levittown, Morristown. A nomenclatura da cidade parece incentivar os homens a imaginar a grandeza para si mesmos, como generais, comandantes da indústria, presidentes, senadores. Eu e meus colaboradores fizemos um mapa onde todas as estações de metrô de Nova York ganharam novos nomes, homenageando as grandes mulheres da cidade. No ano passado, quando discuti isso com estudantes da Universidade Columbia (cujo nome homenageia Cristóvão Colombo, obviamente), uma jovem negra comentou que passara a vida toda com os ombros curvados, mas, numa cidade em que as coisas tivessem nomes de pessoas parecidas com ela, poderia adotar uma postura ereta. Outra perguntou se seria assediada sexualmente em um bulevar com nome de mulher. O mundo é uma superfície irregular, com muita coisa para fazer tropeçar e muito espaço para reinventar.

Eu gosto de ser mulher. Gosto de observar as crianças que vejo em parques, mercearias ou qualquer outro lugar e talvez sorrir ou conversar com elas; estou certa de que ninguém vai achar que sou uma pervertida ou sequestradora, e sei que seria mais complicado se eu fosse homem. Há outras vantagens sutis que ampliam o alcance das expressões que posso usar nas minhas relações pessoais, inclusive nas minhas amizades com outras mulheres — amizades íntimas, solidárias, emocionalmente expressivas — e, durante toda a minha vida adulta, amizades com homens gays, muitos dos quais quebraram ousadamente, festivamente, brilhantemente as regras da masculinidade e me ajudaram a rir da diferença entre quem somos e quem os outros acham que deveríamos ser. A libertação é um projeto contagiante, e crescer em meio a pessoas que desmontaram o gênero e depois o montaram novamente ajudou a libertar até mesmo uma mulher hétero como eu.

Assim, eu não gostaria de ser homem. Só gostaria que todos nós fôssemos livres.

ABERTURAS

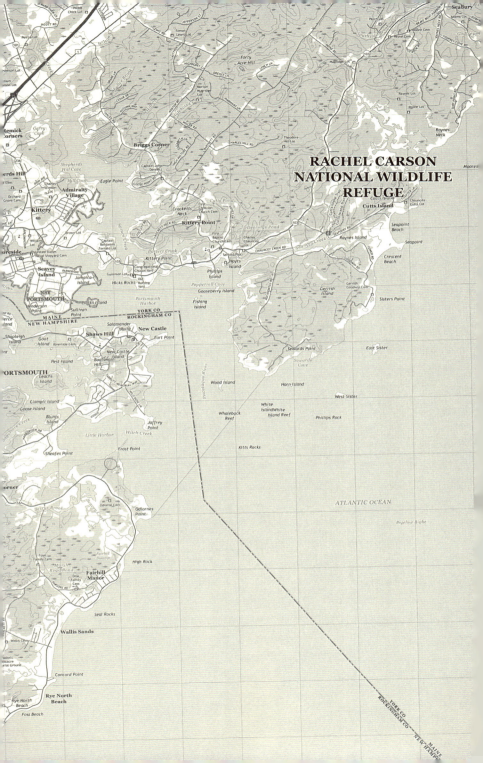

Travessia*

"Transgredir" significa desconsiderar uma regra ou costume, ir além das fronteiras ou limites, diz o dicionário, e depois explica que a palavra viajou do latim para o francês até chegar ao inglês, uma palavra nômade cujo sentido original era apenas atravessar ou transportar para o outro lado. As fronteiras estão sempre sendo atravessadas; traçar uma fronteira é apenas demarcar uma linha através da qual vamos transportar sonhos, feridas, significados, pacotes de mercadorias, ideias, crianças. Até mesmo a soleira de uma porta pode ser um espaço liminar, intermediário entre o público e o privado, entre o meu e o nosso; e até mesmo "liminar" significa um limiar sensorial, em geral no sentido de pairar entre dois estados, e não de atravessar de um para outro.

A transgressão por vezes é espacial, mas outras vezes acontece de um ato ser transportado através de regras, ideias ou pressupostos, e não através de linhas e espaços no sentido literal. Exis-

---

* Escrito para acompanhar uma exposição da artista Mona Hatoum na Coleção De Menil em Houston, Texas, em 2017-8.

149

tem, afinal, termos como "o limiar da dor" e "fronteiras éticas". Às vezes os pressupostos se transformam em transgressões, pelo menos transgressões da verdade, às vezes da complexidade; às vezes as pessoas atravessam uma paisagem onde as linhas conhecidas ainda não foram traçadas. O conquistador espanhol Álvar Núñez Cabeza de Vaca é muito citado como um dos primeiros homens brancos a chegar ao Texas quando desembarcou, com seus companheiros, em barcaças e botes improvisados feitos de couro de cavalo, perto de Houston, na Costa do Golfo, depois de um desastre. Mas essas histórias também podem descrever esse episódio de 1528 como o momento em que o primeiro homem negro chegou ao Texas, já que Cabeza de Vaca viajava com um homem marroquino descrito como negro na narrativa espanhola. Esse homem é lembrado como Estebanico, embora esse não fosse seu nome original, que se perdeu na história.

Estebanico devia ser católico, como todos os espanhóis daquela expedição — que inicialmente desembarcou na Flórida e depois tropeçou em uma calamidade atrás da outra —, mas é improvável que sua conversão ao catolicismo tenha sido voluntária, ou totalmente sincera. Estebanico: um mouro, um africano, um muçulmano cativo do cristianismo, enviado para as Américas, perdido no continente norte-americano, por onde perambulou durante quase uma década. O momento em que a raça branca e o cristianismo chegaram ao Texas foi também o momento em que o Islã e a negritude chegaram a uma terra em que tanto Estebanico como Cabeza de Vaca seriam gente estranha; depois foram escravizados e depois se adaptaram, transformando-se em curandeiros e homens santos, enquanto perambulavam por uma terra que ainda não era concebida como o Texas, num continente novo, séculos antes da fundação dos Estados Unidos, quase trezentos anos antes que alguém imaginasse que o rio Grande seria uma divisão entre países, e não aquilo que um rio normalmente é — um lugar de confluência de águas e confluência dos que bebem água.

A vida de Estebanico foi uma longa série de transgressões, feitas contra ele e por ele, enquanto atravessava dezenas de territórios indígenas na sua peregrinação de dez anos pela América do Norte. Um ou dois anos antes da chegada da expedição à Flórida, um mapa do mundo tal como conhecido na Europa foi desenhado pelo cartógrafo Nuño García de Toreno, em Sevilha; mostra um traçado bastante preciso da Costa Leste da América do Norte e do Sul, cravejada densamente por linhas finas de nomes de lugares, tais como alfinetes ou os fios de uma pele animal; mas não há nada no interior, nem aparece a costa do Pacífico na América do Norte; apenas uma longa linha na Costa Leste, que vai ondulando e entrando para a estreita cintura da América Central; e mais para oeste o nada, o vazio. O traçado mostra que nada era conhecido na Europa para além da costa atlântica. Examinando-o agora, lembramos que as demarcações atuais — a europeização das Américas, os mapas-múndi, os pressupostos sobre o que pertence aonde, os lugares onde foram traçadas linhas para delinear fronteiras — surgiram depois desse mapa, que essas coisas são produto de determinadas condições, e que essas condições vão mudar mais uma vez. As linhas mais verdadeiras do mapa são as que dividem a terra do oceano, apesar de que com as mudanças climáticas elas também devem mudar: a elevação do nível do mar vai deixar desatualizados todos os mapas e atlas, desde a época de Toreno até a nossa. Quanto às outras linhas do mapa, são arbitrárias, já mudaram muitas vezes e vão mudar novamente.

A palavra "Texas" é indígena, tal como tantos nomes de lugares neste continente, desde Denali até Iucatã, mas não era originalmente o nome de um lugar. Era um termo que designava amigos ou aliados, e fazia parte de uma saudação: "Olá, aliado". O *Handbook of Texas* cita variações como "tejas, tayshas, texias, thecas?, techan, teysas, techas?". A palavra foi alterada ao ser traduzida, perdeu o significado de amizade e saudação e ficou atrelada a um lugar, embora parte dela continue vivendo nos texanos que falam espanhol, conhecidos como *tejanas* e *tejanos*, e na música *tejana*. Auia era o nome indígena que Cabeza de Vaca registrou para a cidade hoje conhecida como Galveston, em homenagem a Bernardo Vicente de Gálvez y Madrid.

Cabeza de Vaca e seus companheiros eram o verdadeiro oposto dos conquistadores espanhóis, a terra e as pessoas é que os conquistaram e os transformaram. Eles estavam perdidos; tinham pouca noção de onde se encontravam; não tinham conhecimentos sobre as plantas e os animais, as línguas e os costumes; eram tão estrangeiros quanto é possível ser sem sair deste planeta. Eles atravessaram, foram transportados, caminharam, perambularam e foram transformados enquanto iam se tornando pessoas diferentes dos homens que haviam desembarcado.

O relato escrito por Cabeza de Vaca usa a palavra híbrida hispânico-indígena *tassajar*, que significa secar ao sol longas tiras de carne, para descrever o que um membro da expedição chamado Esquivel fez com outro chamado Sotomayor, que havia morrido e foi transportado como alimento por aquela terra incógnita. Em outro momento dessa árdua jornada, mataram a sede com suco de cactos espremidos num buraco no chão.

A palavra "metáfora" é mais parecida com a palavra "transgressão" do que se imagina: sua viagem começou na Grécia, onde significa, literalmente, mudar ou transportar; hoje em dia é uma palavra que se vê escrita nos caminhões de mudanças naquele país, segundo me disseram. Escrevê-la agora me faz pensar nos refugiados sírios viajando para a Grécia em barcos frágeis que por vezes naufragam, na tentativa de transitar de uma zona de guerra para um desembarque, nada bem-vindo, do outro lado do Mediterrâneo. A palavra "refugiado" deriva, obviamente, de refúgio, algo que os refugiados nem sempre encontram. As metáforas são transgressivas, pois tornam semelhantes coisas diferentes: no trabalho de Mona Hatoum, um berço é uma prisão, porque tem grades. As grades são tubos de ensaio quando feitas de vidro. Um berço vira um laboratório de experiências quando é uma gaiola de tubos de ensaio; e, sem um bebê dentro, pode ser preenchido com qualquer coisa imaginada.

As metáforas não são nossa maneira de definir territórios, mas sim de viajar cruzando os limites entre as categorias. São como pontes através de categorias e diferenças. Por meio delas nós conectamos o abstrato ao concreto, o pequeno ao grande, o vivo ao inanimado, o humano ao não humano. Às vezes as metáforas estão tão profundamente enraizadas na linguagem que mal notamos toda a anatomia corporal aí presente, que dá pé a uma montanha, dá cabeceira e boca aos rios (curiosamente, nas extremidades opostas), dá pescoço a um vaso, braços a uma cadeira e pernas a uma mesa. Nós pensamos através do nosso corpo, e isso significa ver corpos em toda parte, tornar o corpo o termo de compreensão para o funcionamento dos objetos e dos sistemas animados e inanimados, quer pequeninos, quer enormes. Furacão tem olho, rio tem braço. A metáfora é o processo de relacionar coisas que são semelhantes de alguma maneira, em algum grau, com o objeto propriamente dito, com o argumento de que também existem diferenças, enquanto a mentalidade metafórica compreende os limites da similaridade.

Segundo o *Oxford English Dictionary*, a palavra "country" [país] deriva do "Anglo-Normando *contré, countré, cuntré*, e do

Anglo-Normando e francês antigo *cuntree*", e uma das suas raízes — pois descrevemos as palavras como tendo raízes, tal como vemos nas plantas, o que sugere que elas são estáveis, mas são vivas — é "contra", como se vê em "contrário", "contradizer". Em outra rodada de metáforas, um corpo vivo é um país, um *country*, pois uma pessoa livre e igualitária tem soberania sobre seu corpo, já que ambos são imaginados como coisas evidentemente definidas, distintas e separadas — apesar de que meu corpo pode se afastar do seu, mas os Estados Unidos não podem se afastar do México. Os corpos são reais, enquanto os países são, de certa forma, ficções de separação, feitos por meio de linhas fictícias traçadas nos continentes (e algumas ilhas, em especial a República Dominicana e o Haiti), e depois fazendo de conta que essas demarcações mostram uma verdadeira separação e independência — como se os pássaros não voassem através do rio Grande, supostamente uma fronteira internacional, tão rápido como voam sobre esse rio quando ele é apenas um fio de água barrenta correndo pelo centro do Novo México; como se seus braços pudessem declarar independência do seu corpo.

Sob o patriarcado, o corpo ideal foi imaginado como um país isolacionista, uma ilha toda voltada para si mesma, com controle total sobre si mesma, o que torna problemático o corpo feminino — ou qualquer corpo em que sejam reconhecidos os orifícios e a possibilidade de intercâmbios, a penetrabilidade e vulnerabilidade. É óbvio que todos os corpos são abertos e porosos: cinco minutos sem respirar e você está morto; uma semana sem água e você está seco e morto; mas a penetração sexual e a penetrabilidade, além da noção de que as aberturas podem ser eróticas, com as respectivas possibilidades sociais, parecem ser a fonte da animosidade e da ansiedade para um homem que se imagina como uma ilha, ou como uma fortaleza, ou como uma fortaleza numa ilha. Os muitos limiares do corpo feminino e de tudo o que atravessa essas fronteiras tornaram as mulheres sujeitas a medidas intermináveis para contê-las e controlá-las — ou melhor, para conter e controlar a ansiedade de uma sociedade patriarcal. A patrilinearidade — a descendência pela linha masculina — também gerou a fúria de controlar a sexualidade das mulheres, e essa fúria gerou, através dos milênios, determinadas roupas, leis, costumes, punições, arquiteturas e regras para regulamentar o corpo feminino a fim de preservar o poder dos homens e a linhagem masculina.

A raiz de "invadir", do latim *in+vadere*, ir para dentro, entrar, se conecta às palavras "transgredir" e "metáfora". O estupro é um ato de guerra — a invasão de um corpo, contra a sua vontade, para demonstrar dominação, para subjugar e punir. Existem atos em escala nacional que geram um impacto nos corpos e atos realizados em corpos que geram um impacto sobre as vidas, em escala nacional. Assim, nas últimas décadas o estupro se tornou um instrumento de guerra ainda mais comum, mais escancarado, em Ruanda, no Sudão e atualmente na Síria, onde a invasão do corpo das mulheres e das meninas se tornou um motivo para as famílias deixarem o país; a ameaça da invasão leva ao sofrimento do exílio. "Território ocupado" é um termo que também pode ser aplicado ao corpo — corpos que vão para o exílio para evitar uma ocupação hostil.

Nos Estados Unidos surgiu uma opressão inversa, com a insistência, agora mais intensa, de que alguns moradores daqui são invasores que devem ser expulsos. A ideia de imigrantes ilegais surge do conceito do país como um corpo cuja pureza é contaminada por corpos estrangeiros, e das suas fronteiras como algo que pode e deve ser fechado e lacrado. Existe o sonho de uma nação autônoma, não contaminada, como um bloco sólido de matéria impenetrável, um sonho que desafia a realidade da circulação do ar, da água, das mercadorias, dos animais migratórios e das histórias vindas do tempo em que havia outras fronteiras, ou não havia fronteiras, histórias que narram como a maioria de nós atravessou muitas fronteiras para chegar até aqui. É uma fantasia de segurança, na qual o eu é distinto dos outros e os outros podem ser repelidos, uma fantasia que suscita e também nega as perguntas: quem somos *nós*, e quem são *os outros*? O isolacionismo funciona em ambas as escalas.

"Isolar" vem de *insulare* e de ínsula, ilha. O isolamento quer fazer crer que as partes do todo são ilhas autônomas — e, é óbvio, muitas ilhas não são nem um pouco isoladas: são centros de troca, locais de nidificação para aves migratórias, lugares de idas e vindas. O aumento da perseguição e dos processos contra imigrantes sem documentos obrigou muitos deles a desaparecer dos espaços públicos e dos serviços públicos. A revista *Harper's* informou em 2017 que houve um declínio de 43% no número de mulheres hispânicas que relataram ter sido estupradas em Houston. As vítimas não ousam denunciar que foram invadidas sexualmente por medo de serem punidas como invasoras, aqui neste país onde 97% dos estupradores escapam de uma condenação nos tribunais. A *Harper's* também informou que depois de batidas policiais contra imigrantes em Las Cruces, sul do estado de Novo México, as ausências nas escolas primárias aumentaram em 148%. Outros distritos escolares do país também tiveram níveis semelhantes de abandono escolar e desistência da vida pública.

A revista *Newsweek* informou que uma mulher grávida de Houston, uma refugiada que chegara ao país havia muitos anos fugindo da violência em El Salvador, planejava voltar ao seu país para dar à luz, por medo de ser presa se fosse a um hospital. A fantasia de fechar a fronteira EUA-México e separar os nativos dos imigrantes, os brancos dos não brancos, faz parte de uma plataforma que também inclui negar às mulheres seus direitos reprodutivos, ou seja, a soberania sobre o nosso próprio corpo. Poderíamos pensar que as fantasias sobre fronteiras invioláveis teriam o efeito oposto, afirmariam a jurisdição das mulheres sobre seu próprio corpo; mas não, nas batalhas sobre os direitos reprodutivos o pensamento conservador protege as prerrogativas masculinas e enfraquece a liberdade feminina. A nação deve ser inviolável, suas fronteiras protegidas; já as mulheres devem ser violadas, suas fronteiras transgredidas. O Texas tem hoje a maior taxa de mortalidade materna dos países desenvolvidos, taxa que dobrou entre 2010 e 2014 (cinco vezes maior que a taxa da Califórnia). Os motivos incluem o fechamento de muitas clínicas de planejamento familiar no estado.

"Célula", do latim *cellula*, quarto pequeno, significa tanto uma cela ou quarto que abriga um monge ou um prisioneiro e a unidade fundamental da vida, como em organismo unicelular, de uma só célula. As metáforas muitas vezes trabalham com mudanças em escala. As palavras são obras de arte, representações que modelam analogias e afinidades entre as escalas, desde o cosmológico até o microscópico. Nós nos acostumamos às relações implícitas em termos como "Via Láctea", a ponto de deixarmos de vê-las. Existe a arte de tornar novamente estranhas e insólitas as coisas que já são bem conhecidas.

"Ninguém vê uma flor — ninguém realmente enxerga — ela é tão pequena — não temos tempo — e ver leva tempo. Assim, eu disse para mim mesma: Vou pintar o que vejo — o que a flor é para mim, mas vou pintá-la em tamanho grande e eles ficarão tão surpresos que vão parar um pouco para vê-la", disse certa vez Georgia O'Keeffe.

Grande parte do trabalho de Hatoum opera com mudanças de escala que tornam estranho o que é familiar; as cidades, o planeta todo são reduzidos à escala de pequenas representações cartográficas bidimensionais, a mapas; os objetos domésticos — um ralador, um cortador de ovos — se tornam ameaçadores ao ser ampliados para o tamanho de móveis numa sala; já os móveis se tornam estranhos, os assentos dos balanços são estampados com mapas das cidades, as camas se tornam objetos de desconforto ou até mesmo de tortura; o cabelo se transforma num tapete etéreo, uma série de esferas distanciadas do corpo que o produziu. A escala é uma forma de orientação; alterá-la gera uma desorientação que faz os olhos e a mente despertarem do seu sono. Ao ver essas obras, o próprio corpo acorda para si mesmo; são artes visuais, sim, vistas através dos olhos, mas sugerem possibilidades e rupturas do corpo quando nos aproximamos delas — bolinhas de gude no chão para tropeçarmos, uma cama que é um ralador capaz de dilacerar a nossa carne, gaiolas, balanços. Poderíamos fazer coisas com essas obras de arte; e elas poderiam fazer coisas conosco; elas colocam o corpo em questão e, às vezes, em risco.

"Alienar": "Transferir ou renunciar (aos direitos de propriedade); passar a outro dono; fazer com que uma pessoa se sinta isolada, hostilizada ou antipática". "Alien" (estrangeiro): "Do latim *aliēnus* (adjetivo), alheio ou pertencente a terceiros, não natural, incomum, desconectado, separado, de outro país, estrangeiro, não relacionado, de uma variedade ou espécie diferente, desconhecido, estranho, não amigável, antipático, desfavorável, impróprio, incompatível, desagradável, repugnante". As linhas ondulantes do litoral nos mapas e nos cabelos, nos corpos e separadas dos corpos, entram em conflito com as grades bem ordenadas; as barras e as grades separam e contêm algumas coisas; outras se fundem, serpenteiam e migram.

Tudo na obra de Hatoum é alienado, deslocado, desenraizado dos habitats de escala e de contexto que nos fazem parar de olhar. Talvez, como notou O'Keeffe, deslocamento e atenção estejam relacionados; talvez prestar atenção seja, antes de mais nada, um esforço para sobreviver e se adaptar quando algo desconhecido surge e nos dá um susto, nos fazendo abandonar nossos hábitos, nos transporta através de alguma fronteira até o inesperado. Os problemas sutis que há aqui, não exatamente ameaças, porém mais do que perguntas comuns, nos alertam para a nossa condição, nosso corpo, nossa geografia, nos alertam para nossas próprias fronteiras e limites e tudo aquilo que os atravessa, e as maneiras pelas quais o significado é sempre migrante.

"Atenção", do francês *attendre*, esperar. "É proibido esperar", diz uma placa de metal esmaltado na exposição da obra de Hatoum, em árabe e inglês. A atenção espera, mas o significado vai migrando; perambular e permanecer são as medidas com que a nossa vida é feita e desfeita.

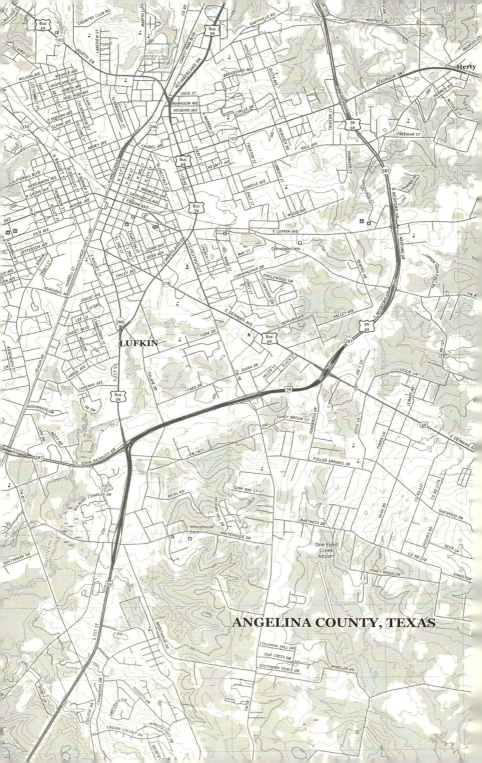

Cidade das mulheres*

"It's a Man's Man's Man's World" é uma canção gravada por James Brown num estúdio em Nova York em 1966; e, gostando ou não, pode-se argumentar que ele tem razão. Andando pelas ruas da cidade, as moças são assediadas de uma maneira que lhes diz que este mundo não é delas, nem a cidade, nem a rua; que sua liberdade de movimentos e seu direito de ir e vir podem ser comprometidos a qualquer momento; e que muitos homens desconhecidos esperam delas obediência e atenção. "Sorria", ordena um homem; é uma maneira concisa de dizer a você que ele é seu proprietário; ele é o chefe; você faz o que ele mandar; seu rosto está lá para servir à vida dele, não para expressar a sua própria vida. Ele é alguém; você não é ninguém.

De uma maneira mais sutil, os nomes perpetuam a diferenciação de gênero em Nova York. Quase todas as cidades estão repletas de nomes de homens, nomes que marcam quem detinha

---

* "Cidade das mulheres" é um dos 26 mapas do atlas *Nonstop Metropolis*; está disponível como pôster independente, publicado pela Haymarket Books.

o poder, quem fez a história, quem possuía fortunas, quem era lembrado; já as mulheres são pessoas anônimas que trocavam o nome do pai pelo do marido quando se casavam, que viviam uma vida privada e eram relativamente esquecidas, com poucas exceções. Essa maneira de dar nomes a lugares está espalhada por todo o continente — os picos de muitas montanhas no oeste do país têm nomes que as fazem parecer o conselho diretor de uma empresa das antigas —, e há pouquíssimos lugares com nome de mulheres históricas específicas, embora Maryland tenha o nome da rainha Mary, que nunca esteve lá.

Assim como San Francisco recebeu o nome de um santo italiano e Nova Orleans o nome do irmão de um rei francês, o duque de Orléans, também Nova York, a cidade e o estado, receberam o nome do irmão do rei Carlos i, o duque de York (mais tarde rei James ii), quando os ingleses tomaram a região dos holandeses. Dentro dessa cidade e desse estado com o nome de um homem, pode-se tomar a linha 6 em seu extremo norte, em Pelham Bay, nome que se refere a um certo sr. Pell, no Bronx, bairro com o nome do sueco Jonas Bronck, e seguir de trem até Manhattan, um lugar raro na cidade por conservar um nome indígena. (Dizem que o Bronx era chamado de Rananchqua pela tribo local, os lenape, e de Keskeskeck por outros grupos nativos.)* Em Manhattan, a linha 6 segue a Lexington Avenue, paralela à Madison, cujo nome, é óbvio, homenageia o presidente James Madison.

O trem vai seguindo com estrondo para o sul, no lado leste de Manhattan, então você pode desembarcar no Hunter College — que, embora fosse originalmente uma instituição de ensino

---

* O rio Hutchinson e o Hutchinson River Parkway, no norte do Bronx, são casos raros, pois receberam o nome de uma mulher, a rebelde puritana Anne Hutchinson, colonizadora inglesa que foi banida da sua comunidade e morta num ataque dos índios siwanoy, naturais de Nova York, em 1643.

só para moças, recebeu o nome de Thomas Hunter — ou então seguir para Astor Place, homenagem ao plutocrata John Jacob Astor, perto de Washington Square, praça que comemora, é óbvio, o primeiro presidente. Também podemos continuar até a Bleecker Street, nome que homenageia Anthony Bleecker, dono de terras agrícolas na região, e sair do trem na Lafayette Street, que presta homenagem ao marquês de Lafayette. No trajeto, teremos passado pelas latitudes do Lincoln Center, Columbus Circle, Rockefeller Center, Bryant Park, Penn Station — todas no lado oeste.

Uma horda de homens mortos com identidades vivas assombra a cidade de Nova York e quase todas as cidades do mundo ocidental. Seus nomes estão nas ruas, nos prédios, parques, praças, universidades, lojas e bancos, e são as figuras que vemos nos monumentos. Por exemplo, na esquina da Rua 59 com a Grand Army Plaza, ao lado da fonte de Pulitzer (homenagem a Joseph Pulitzer, magnata da imprensa), há duas figuras douradas, o general William Tecumseh Sherman, a cavalo, conduzido por uma mulher que parece ser a representação da Vitória, e também parece ser alguém sem nome, ninguém em particular. Ela é a vitória de outra pessoa.

A maior estátua da cidade é de uma mulher, que acolhe todos e não é ninguém: a Estátua da Liberdade, com o poema de Emma Lazarus a seus pés — um soneto que, embora poucos se lembrem, a chama de "Mãe dos exilados". As estátuas de mulheres não são raras, mas são alegorias e não são ninguém — são mães, musas ou objetos de cena, mas não são presidentes. Existem memoriais melhores, embora temporários, como o Chalk [giz], projeto de arte pública que rende homenagem, anualmente, ao incêndio da fábrica de camisas no Triangle em 1911, quando morreram 146 jovens costureiras, a maioria imigrantes. Todo dia 25 de março, desde 2004, Ruth Sergel coordena voluntários que se espalham pela cidade e escrevem com giz os nomes das vítimas nos locais onde elas moravam. Mas essas lembranças são tão frágeis e fugazes quanto o giz, não duram tanto quanto os nomes de ruas, as estátuas de bronze, a ponte Henry Hudson ou a mansão Frick.

Um ensaio recente de Allison Meier observa que existem em Nova York apenas cinco estátuas de mulheres com nome (não alegorias): Joana d'Arc, Golda Meir, Gertrude Stein, Eleanor Roosevelt e Harriet Tubman, sendo as quatro últimas surgidas no último terço do século xx (desde que escrevi isso surgiram planos de acrescentar outras, incluindo Billie Holiday e Shirley Chisholm). Até 1984, havia apenas uma, a medieval Joana d'Arc no Riverside Park, instalada em 1915. Antes disso, somente homens foram comemorados na estatuária de Nova York. Algumas mulheres foram lembradas em nomes de ruas relativamente recentes: Cabrini Boulevard, homenagem a Frances Xavier Cabrini, freira ítalo-americana canonizada; Szold Place, nome da editora e ativista judia Henrietta Szold; Margaret Corbin Drive, heroína da Guerra da Independência dos Estados Unidos; Bethune Street, nome de Johanna Bethune, fundadora de um orfanato; e a Margaret Sanger Square, a santa padroeira do controle de natalidade. Exceto pela Hutchinson River Parkway, no nordeste do Bronx, o nome de nenhuma mulher se aplica a uma longa avenida como Nostrand Avenue, no Brooklyn, ou o Frederick Douglass Boulevard, no norte de Manhattan (embora a Fulton Street, batizada em homenagem ao inventor dos barcos a vapor, Robert Fulton, teoricamente tenha outro nome em paralelo: Harriet Ross Tubman Avenue, em boa parte da sua extensão, mas parece que esse nome não é de uso comum, nem reconhecido pelos Google Maps). Nenhuma mulher é uma ponte nem um edifício importante, embora alguns se lembrem que Gertrude Vanderbilt Whitney foi a fundadora do Whitney Museum. Enfim, a paisagem de Nova York é, como a maioria das cidades, uma *homem*agem [*manscape*].

Quando assisto a filmes de ação com protagonistas femininas — desde *O tigre e o dragão* até *Jogos vorazes* —, saio me sentindo energizada, sobre-humana, indomável. É como uma droga para aumentar a potência e a autoconfiança. Ultimamente, tenho me perguntado como seria se, em vez de assistir a só uma dúzia de filmes desse tipo durante toda a minha vida, eu tivesse a opção, a qualquer momento, de ver vários novos lançamentos celebrando as superpotências das minhas companheiras de gênero; se houvesse uma versão feminina de James Bond, se as mulheres-aranha se tornassem uma opção comum para o meu entretenimento e um alimento comum para a minha imaginação; ou se sempre tivessem sido. Se você é homem, os cinemas estão mostrando agora mesmo dezenas de filmes de heróis de ação, e a televisão sempre ofereceu uma superabundância de campeões, de cowboys a detetives — homens mais ou menos como você, pelo menos no que diz respeito ao gênero (se não necessariamente à raça, ao tipo físico e às predileções). Não consigo imaginar como eu poderia conceber a mim mesma e as minhas possibilidades se, nos meus anos de formação, eu tivesse caminhado por uma cidade onde a maioria das coisas tivesse o nome de mulheres, e muitos monumentos — ou a maioria deles — fossem de mulheres poderosas, bem-sucedidas e depois homenageadas. Decerto esses lugares só comemoram aqueles que foram autorizados a manter o poder e levar uma vida pública; a maioria das cidades americanas é, por sua nomenclatura, sobretudo branca e masculina. Mesmo assim, não custa imaginar.

No mapa "Cidade das mulheres", tentamos imaginar como seria viver inserida em tamanho poder, prestando homenagem a algumas das grandes e significativas mulheres de Nova York nos lugares em que elas residiram, trabalharam, competiram, frequentaram a escola, dançaram, pintaram, escreveram, se rebelaram, organizaram, filosofaram, ensinaram e ganharam reconhecimento. Nova York tem uma história notável de mulheres carismáticas desde seus primórdios, como Hannah Feake Bowne, pregadora quaker do século XVII, sempre excluída da história; até a casa em Flushing onde ela fazia suas reuniões costuma ser chamada de casa de John Bowne. Três das quatro juízas da Suprema Corte vieram de Nova York, e boa parte da história do feminismo americano se desenrolou aqui, de Victoria Woodhull a Shirley Chisholm e as Guerrilla Girls. Nem todas as estações de metrô estão marcadas no nosso mapa, e muitas mulheres que deram valiosas contribuições foram esquecidas ou nunca tiveram seu nome reconhecido. Muitas mulheres nunca tiveram permissão para ser alguém; muitos heróis, de qualquer gênero, vivem uma vida tranquila. No entanto, algumas mulheres se levantaram; algumas se tornaram visíveis; e aqui estão elas, às centenas. Esse mapa é uma homenagem a elas, e um memorial.

O herói é um grande desastre
Estereótipos versus força em números

Para uma personificação do adjetivo *singlehanded* [fazer algo sozinho, sem ajuda, "com sua própria mão"], pode-se pensar na heroína do recente filme *Uma mulher em guerra*. Trata de uma ecossabotadora islandesa que explode linhas elétricas rurais, se esconde em locais cênicos fugindo dos helicópteros que vêm caçá-la e é ótima atiradora com arco e flecha. Mas a ecossabotagem mais famosa e mais eficaz na história da Islândia não foi feita por uma só pessoa.

Em 25 de agosto de 1970, membros de uma comunidade rural no vale do rio Laxa, no norte da Islândia, explodiram uma barragem para evitar que suas terras agrícolas fossem inundadas. Após dinamitar a barragem, mais de cem agricultores reivindicaram o crédito (ou a responsabilidade) pelo ato. Não houve prisões, e acabou-se com a barragem; e houve algumas consequências muito positivas, incluindo a proteção imediata da região, novos regulamentos e uma nova consciência ambiental na Islândia. É praticamente a única história que conheço de um ato de sabotagem ambiental que teve um impacto significativo, talvez por expressar a vontade de muitos, e não de poucos.

Não temos muita habilidade para contar histórias sobre centenas de pessoas fazendo alguma coisa juntas, nem para considerar que as qualidades mais importantes para conseguir salvar um vale, ou mudar o mundo, não são a coragem física nem a violência atlética, mas sim a capacidade de organizar muitas pessoas, inspirá-las e conectar-se com elas, e criar histórias sobre o que poderia ser e como podemos chegar lá. Em 1970 esses agricultores islandeses produziram uma bela explosão, e os filmes adoram as explosões — quase tanto quanto adoram as perseguições com carros —, mas decerto a ação foi realizada depois de muitas e muitas reuniões, e até agora o cinema não demonstrou muito amor pelas reuniões de planejamento comunitário.

Halla, a protagonista de meia-idade de *Uma mulher em guerra*, também é regente de um coral, e conseguir fazer um grupo cantar em harmonia tem muito a ver com a maneira de vencer uma batalha ambiental — mais do que seus esforços individuais. A câmera se demora, sem ironia, nas fotos no seu apartamento em Reykjavík, de Mahatma Gandhi e Nelson Mandela — dois campeões de resistência em matéria de negociações e reuniões. Mas parece que o filme não sabe, nem está genuinamente interessado em saber, como se consegue fazer essa coisa que é capaz de salvar um rio, uma ilha ou o planeta Terra.

A mudança social positiva resulta, sobretudo, de se conectar mais profundamente com as pessoas ao seu redor, e não se elevar acima delas; vem de ações coordenadas, não individuais. Entre as virtudes que têm mais importância estão as tradicionalmente consideradas femininas e não masculinas, mais nerds do que atléticas: saber ouvir, saber respeitar; paciência, negociação, planejamento estratégico; saber contar histórias. Mas nós gostamos dos nossos heróis solitários e excepcionais, gostamos do drama da violência e da virtude dos músculos — ou, pelo menos, é o que chega até nós, muitas e muitas vezes, e a partir disso não formamos uma imagem nítida de como as mudanças realmente acontecem e qual pode ser o nosso papel nelas, ou qual a importância das pessoas comuns. "Infeliz a terra que precisa de heróis" — é uma frase de Bertolt Brecht com a qual já concordei dezenas de vezes, mas agora estou mais inclinada a pensar: infeliz a terra que acha que precisa de um herói, ou não sabe que tem muitos heróis e que tipo de gente eles são.

Uma mulher em guerra se desvia para trama paralela porque, afinal de contas, quem está no centro do filme é uma mulher e, segundo as convenções, as mulheres que fazem qualquer coisa que não seja pessoal devem, necessariamente, estar em conflito. Como a maioria dos filmes, esse também está mais interessado nas coisas pessoais, ou sugere que nós, mulheres, fazemos outras coisas por razões puramente pessoais — e assim a questão de saber que diabos podemos fazer a respeito da destruição planetária meio que desaparece. É um pouco como os *Jogos vorazes*, cuja autora foi capaz de imaginar a derrubada violenta da velha ordem — e a arqueira Katniss Everdeen é extremamente capaz em matéria de violência —, mas não foi capaz de criar uma nova ordem diferente nem fazer nenhuma coisa política com um grupo maior que não fosse corrupto ou valesse a pena. Assim, no final depressivo de *Jogos vorazes*, Everdeen vai embora e tem bebês com seu homem, em uma casinha tipo *Os pioneiros*, num esquema terrivelmente individualista e autossuficiente, tipo "núcleo familiar em meio às ruínas de uma guerra nuclear". Ou, se preferir, seguindo a máxima de Voltaire, "cada um deve cultivar seu jardim", se é que Voltaire quis mesmo dizer isso no final de *Cândido*. A protagonista arqueira de *Uma mulher em guerra* também vai se retraindo para o âmbito doméstico no final do filme, para ajudar uma só pessoa em vez de ajudar o planeta.

Mas eu também me interesso pelas coisas impessoais, ou melhor, estou convencida de que todas essas coisas públicas e coletivas, que supostamente são impessoais, alimentam os corações e as almas;

e são coisas que também têm a ver com o amor e com as nossas necessidades mais profundas, pois o que é profundo também é amplo. Precisamos de esperança, de propósito e de participação em uma comunidade para além do núcleo familiar. Essa conexão, além de pessoalmente gratificante, é também a maneira de conseguir fazer as coisas que precisam ser feitas. As narrativas sobre heróis solitários empurram uma única figura para o olhar do público, mas puxam todos os outros de volta à vida privada, ou pelo menos à vida passiva. A escritora e consultora jurídica Dahlia Lithwick me disse que, quando estava se preparando para escrever sobre as advogadas que lutaram contra o governo Trump e o derrotaram em diversos casos de direitos civis nos últimos dois anos, várias pessoas insistiram que ela deveria escrever, em vez disso, um livro sobre a juíza Ruth Bader Ginsburg. Já existem livros e filmes (sem falar nas camisetas e canecas em demasia) sobre Ginsburg; e o que esses pedidos queriam é reduzir o foco, mirando uma só estrela bem conhecida, quando Dahlia, em seu livro, estava justamente tentando ampliar o foco, para incluir constelações de outras advogadas pouco reconhecidas.

O que significa que o problema do herói solitário existe na não ficção, nas notícias e até na história (onde se chama "teoria dos grandes homens") tanto quanto na ficção e no cinema. (Há também uma "teoria do homem terrível" que, ao focar, por exemplo, apenas em Trump, acaba por desculpar e ignorar a longa história de destruição e ilusão da direita e a multidão de cúmplices atuais.) Concentrar-se em Ginsburg sugere que um indivíduo excepcional, transcendente, no ápice do poder, é quem importa. Olhar para essas outras advogadas é sugerir que o poder é algo disperso e que as decisões judiciais em diversos tribunais do país têm importância, assim como os advogados que conquistam essas decisões e as pessoas que apoiam esses advogados.

Essa ideia de que o nosso destino nos é dado por alguém lá

170

em cima está implícita em tantas e tantas histórias. Até as decisões da Suprema Corte sobre aborto ou igualdade matrimonial refletem mudanças nos valores da sociedade em geral, assim como refletem as eleições presidenciais que definem quem vai para a Suprema Corte. Essas mudanças tão amplas são feitas por muita gente, em atos que muitas vezes passam despercebidos. E, mesmo que você só dê valor à vida pessoal, há que reconhecer as lutas travadas na esfera pública que afetam, por exemplo, quem pode se casar, quem vai receber um salário mínimo decente, assistência médica, educação, moradia e água potável, e como o direito ao voto, ou a ausência desse direito, determinam essas decisões jurídicas. Além disso, se você fosse uma das 82 pessoas que morreram no incêndio de Paradise Camp, na Califórnia, no final de 2018, ou um dos agricultores de Nebraska cujas fazendas ficaram submersas nas inundações sem precedentes do início de 2019, as consequências das políticas públicas seriam ainda mais pessoais.

Nós gostamos de heróis e de estrelas, e também dos seus opostos, embora eu não esteja bem certa sobre o que quero dizer com "nós". Talvez sejam as pessoas responsáveis por muitas de nossas histórias, muitas vezes pessoas de elite que acreditam devotamente nas elites — que é o que se supõe, em geral, que os heróis e as estrelas sejam. Há uma música irônica da cantora Liz Phair que sempre lembro quando penso em heróis. Ela diz:

He's just a hero in a long line of heroes
Looking for something attractive to save
They say he rode in on the back of a pick-up
And he won't leave town till you remember his name*

---

* Ele é apenas um herói numa longa fila de heróis/ Procurando algo atraente para salvar/ Dizem que ele montou na traseira de uma picape/ E não vai sair da cidade até você lembrar o nome dele. (N. T.)

É uma revisão irônica do herói como alguém que só quer chamar atenção, um penetra que quer acabar com a festa, alguém que faz tudo pela fama e, pelo menos implicitamente, um encrenqueiro disfarçado de solucionador de problemas. E talvez nós, como sociedade, já estejamos ficando cansados de heróis, e muita gente com certeza já está farta de homens brancos com excesso de autoconfiança. Até mesmo a ideia de que a solução será única e drástica, e está nas mãos de uma só pessoa, desconsidera o fato de que em geral as soluções dos problemas são complexas e multifacetadas, e são alcançadas por meio de negociações. A solução para a mudança climática é plantar árvores, mas também é fazer (rapidamente) uma transição energética, reduzindo o uso de combustíveis fósseis; e também implementar a eficiência energética e fazer alterações significativas de design, além de mais uma dúzia de coisas relativas ao solo e à agricultura, ao transporte e ao funcionamento dos sistemas. Não há uma solução única, mas sim muitas peças que, em conjunto, formam uma solução, ou melhor, uma modificação do problema da mudança climática.

Phair não é a primeira mulher a ser sarcástica em relação aos heróis. Ursula K. Le Guin escreve:

> Quando Virginia Woolf estava planejando seu livro *Três guinéus*, escreveu um cabeçalho em seu caderno: "Glossário". Ela pensava em reinventar a língua inglesa de acordo com um novo projeto, para contar uma história diferente. Um dos verbetes desse glossário é o heroísmo, definido como "botulismo". Já o herói, no dicionário de Woolf, passa a ser "garrafa". O herói como garrafa — uma reavaliação total e absoluta. Eu agora faço esta proposta: o herói é uma garrafa.

Essa passagem vem do famoso ensaio de Le Guin, de 1986, "A teoria da sacola na ficção"; ela observa que, embora a alimentação humana na era primitiva dependesse sobretudo de coletar plantas, tarefa em geral atribuída às mulheres, é a caça que propicia histórias dramáticas. E ela argumenta que, ainda que se suponha que as ferramentas mais antigas dos hominídeos foram armas — instrumentos letais, cortantes e pontiagudos —, os recipientes — daí sua piada sobre a garrafa — talvez fossem mais antigos e tão ou mais importantes, com todas as implicações de gênero inclusas. A caça, ela analisa, contém um drama singular: *com minha lança eu matei esse urso.* Por outro lado, um grupo de mulheres que colhem cereais não tem gestos excepcionais, nem um alvo, nem muito drama. "Eu disse que é difícil fazer uma história fascinante sobre como nós conseguimos arrancar os grãos de aveia das suas cascas; não disse que era impossível", escreve Le Guin, no fim de seu ensaio. Li há pouco que em meio ao povo iban, de Bornéu, os homens ganhavam status coletando cabeças de tribos inimigas, e as mulheres, tecendo. Caçar cabeças é mais dramático, mas a tecelagem é um modelo para contar histórias, integrando diversas peças e materiais para formar um novo todo; é uma tecnologia que cria recipientes e modela a complexidade.

Falando em mulheres, há um novo medicamento para depressão pós-parto (DPP), mas alguns especialistas já observaram que

tanto as mães como seus defensores devem ponderar se essa droga não seria apenas um band-aid na grande ferida que é o tratamento dispensado às mães nos Estados Unidos. Como seriam afetadas as taxas de DPP se nós adotássemos políticas que dão apoio aos pais, tais como creche subsidiada, licença parental remunerada e normas de assistência médica que respeitem as opções das mães quanto ao parto e o período pós-parto? A sociedade classifica sumariamente as complexidades que uma mãe recém-parida encontra para se ajustar à nova situação como sendo doença mental, ignorando os fatores culturais que fazem com que os pais dos bebês recém-nascidos se sintam desamparados.

Ou seja, talvez precisemos de uma infinidade de atos de bondade e de conexão, em vez de drogas do tipo deus ex machina que vêm fazer uma intervenção milagrosa para abafar a dor da ausência desses atos. (É óbvio que existem medicamentos que são úteis para a saúde mental, mas em geral são usados como alternativas a uma verdadeira resolução das condições que causaram o sofrimento, incluindo os construtos sociais e as circunstâncias individuais.)

Essa é outra parte da nossa cultura do individualismo, da autossuficiência e do heroísmo — a ideia de que todos os problemas são pessoais e todos podem ser resolvidos pela responsabilidade pessoal. É uma estrutura que elimina a possibilidade de realizarmos mudanças mais profundas e amplas, e de responsabilizar os poderosos que criam o status quo e se beneficiam dele e das suas incontáveis formas de causar dano. A narrativa da responsabilidade e da mudança individuais protege o imobilismo, quer se trate de uma adaptação à desigualdade, à pobreza ou à poluição.

Nossos maiores problemas não serão resolvidos por heróis. Serão resolvidos, se é que serão resolvidos, por movimentos, coalizões, pela sociedade civil. O movimento climático, por exemplo, tem sido acima de tudo um esforço de massa, e se figuras como o ambientalista Bill McKibben se destacam — bom, ele se destaca como um dos fundadores de um grupo global de ação climática que abrange 188 países. E também é ele que está sempre dizendo, em versões variadas: "A coisa mais eficaz que você pode fazer quanto ao clima, como indivíduo, é deixar de ser um indivíduo". Ele sempre fala sobre um livro que o influenciou desde criança, *The Pushcart War*, um conto infantil de 1964 sobre vendedores de rua que se organizam para se proteger numa guerra territorial contra os motoristas de caminhão nas ruas de Nova York. Não só se organizam como também — atenção, *spoiler*! — acabam vencendo.

Eu estava refletindo sobre tudo isso ao pensar na sueca Greta Thunberg, uma jovem verdadeiramente notável que está catalisando a ação climática no mundo todo. Mas concentrar o foco em Greta pode obscurecer o fato de que antes dela muitos jovens notáveis já se levantaram e falaram apaixonadamente sobre a mudança climática. As palavras dela foram importantes porque nós reagimos; e reagimos, em parte, porque a mídia a elevou de uma forma como não havia feito com seus antecessores; e a elevou porque, de alguma forma, as mudanças climáticas agora são levadas mais a sério e a ação climática vem ganhando impulso, provavelmente devido às ações de dezenas de milhares, ou milhões de pessoas que não receberão nenhum crédito por essas mudanças. Ela começou sozinha, mas em público, em vez de se manter reservada, e isso possibilitou que suas ações se multiplicassem amplamente. Eu me pergunto se existe uma palavra que possa significar "uma pessoa e seus seguidores" como sendo uma coisa só, e não duas.

Greta Thunberg foi indicada ao prêmio Nobel da paz, que às vezes é concedido a grupos e equipes, mas os prêmios em geral destacam um indivíduo. Alguns premiados usam seu discurso de aceitação para tentar reverter o mito do herói e agradecer a todas as pessoas que os acompanharam em seus esforços, ou para se definir como membros de uma tribo, de uma aliança ou movimento. Ada Limón, ao receber o prêmio de poesia do National Book Critics Circle, em março de 2019, disse: "Escrevemos com todos os bons fantasmas no nosso canto do ringue. Eu, por exemplo, nunca fiz nada sozinha, nunca escrevi nem um único poema sozinha" — e passou a listar muitas pessoas que a ajudaram, ou que foram importantes, ou que nunca escreveram poesia.

Um general não é muita coisa sem um exército, e as mudanças sociais nem sequer seguem o modelo dos generais e dos exércitos, pois as figuras de destaque conseguem fazer os outros agirem por vontade própria, não por comando. Deveríamos chamá-los de catalisadores, e não de líderes. Martin Luther King Jr. não foi o movimento dos direitos civis e César Chávez não foi o movimento dos direitos dos trabalhadores rurais, e confundir as duas coisas é negar às multidões o reconhecimento que elas merecem. E, o mais importante, isso nos tira a compreensão estratégica quando mais precisamos dela — partindo do nosso próprio poder e terminando com as mudanças e a forma como elas ocorrem.

Em seguida ao tão esperado relatório de Robert Mueller, muita gente nos lembrou que contar com Mueller como o são Jorge que iria matar o nosso dragão canalha seria uma maneira de descartar a nossa própria obrigação e a nossa capacidade. Dahlia Lithwick expressou isso muito bem, um mês antes do término da investigação: "Parece que a mentalidade predominante é que, enquanto houver alguém capaz de fazer alguma coisa, o resto de nós estará livre para desistir. E em geral se considera que quem está fazendo alguma coisa é Robert Mueller". Os líderes agregam seguidores, e os seguidores são pessoas que renunciaram a algumas das suas capacidades de pensar e agir. Infeliz a terra cujos cidadãos vão passando a bola até chegar a um herói. Um dos argumentos em favor de eleger uma presidenta é que provavelmente ninguém vai vê-la como uma salvadora que vai fazer tudo sozinha.

A narrativa-padrão dos filmes de ação requer uma pessoa excepcional em primeiro plano, o que exige que os demais personagens fiquem para trás, num espectro que vai de inútil a perplexo e até malvado; e mais alguns personagens auxiliares moderadamente úteis. Não há muitos filmes sobre alguma magnífica ação coletiva, algo que notei quando escrevi sobre o que realmente acontece nas catástrofes repentinas — incêndios, inundações, ondas de calor, tempestades insólitas, esses tipos de calamidades que passaremos a ver cada vez mais à medida que a era da mudança climática vai se firmando. Os filmes clássicos de desastre começam com uma súbita perturbação na ordem das coisas — o edifício se torna um imenso inferno, o meteoro vem desabalado rumo à Terra, a Terra treme — e depois suaviza tudo com uma trama tipo Papai Sabe-Tudo, lá vem um herói para salvar as mulheres indefesas e subjugar os homens cruéis. A própria autoridade patriarcal é mostrada como sendo a solução para os desastres, ou como uma espécie de droga para nos sentirmos seguros apesar de todos os desastres.

Um dos prazeres da música de Liz Phair é que ela nos permite reconhecer o próprio heroísmo como um desastre. Descobri, na pesquisa para meu livro de 2009, *A Paradise Built in Hell*, que as autoridades institucionais geralmente se comportam muito mal nas situações de desastre, em parte porque assumem que o restante de nós também se comportará mal, no vácuo de poder causado pelo desastre; assim, elas costumam transformar a assistência humanitária em policiamento agressivo para proteger a propriedade privada e o status quo, e não as vítimas do desastre. Já as pessoas comuns em geral se comportam magnificamente, cuidando umas da outras, improvisando resgates e criando condições para sobrevivência, conectando-se umas com as outras como não fariam na vida cotidiana, e às vezes encontrando nessa conexão algo tão valioso e significativo que façam brilhar de felicidade as histórias que contam sobre quem eram eles, como se conheceram e o que fizeram.

Ou seja, encontrei nos grandes desastres uma janela para algo que muitos de nós realmente desejam mas não têm, uma necessidade que mal sabemos definir ou reconhecer. Não há muitos filmes que consigam sequer imaginar essa emoção profunda que penso ser o amor público, esse senso de propósito, significado, poder, de pertencer a uma comunidade, a uma sociedade, uma cidade, um movimento. Conversei com sobreviventes do Onze de Setembro e do furacão Katrina, li histórias de desastres e emergências anteriores e encontrei essa emoção que vem à tona através dos destroços, e descobri também que as pessoas têm uma fome intensa dessa emoção. William James escreveu, sobre o terremoto e incêndio de 1906 em San Francisco: "Decerto a aresta mais afiada de todos os nossos infortúnios comuns vem do seu caráter solitário". Ou seja, se eu perder minha casa, ficarei desterrada entre os que continuam no seu conforto; porém se todos nós perdermos nossas casas no terremoto, estamos nisso juntos. Uma das minhas frases favoritas de um sobrevivente do episódio de 1906 é a seguinte: "Então, quando as explosões de dinamite faziam muito barulho à noite e deixavam todos nós acordados e ansiosos, as meninas ou alguns refugiados começavam a tocar piano, e Billy Delaney e outras pessoas começavam a cantar; de modo que o lugar se tornava acolhedor e sociável como uma casa, considerando que isso acontecia na calçada, em frente à escola, e a cidade ao redor estava em chamas".

Não sei o que Billy Delaney ou as meninas cantavam, ou quais histórias as coletoras de plantas descritas por Ursula K. Le Guin podem ter contado. Mas tenho uma metáfora, que também é uma espécie de sacola de compras — "metáfora" significa, literalmente, transportar, levar algo para mais além, e "transportar, levar" é a coisa básica que a linguagem faz; a linguagem que é como uma grande rede que tecemos para guardar o significado. Jonathan Jones, artista indígena australiano da tribo wiradjuri/kamilaroi, fez uma instalação — um *loop* infinito, como um "8", de objetos emplumados sobre uma parede curva, na Trienal Ásia-Pacífico de Arte Contemporânea, em Brisbane. O *loop* imitava uma grande revoada de pássaros sempre mudando de forma, se avolumando, se estreitando e se modificando enquanto uma miríade de pequenas criaturas se eleva no céu, faz curvas e muda de direção, todas juntas, sem colidir umas com as outras nem se afastar.

À distância, os objetos de Jones pareciam pássaros; olhando de perto, eram ferramentas tradicionais feitas de madeira e pedra, com penas decorativas afixadas — ferramentas para fazer coisas, agora alçando voo. As penas foram doadas a Jones por centenas de pessoas que atenderam ao seu pedido — uma revoada de gente. "Estou interessado nessa ideia de pensamento coletivo", disse ele a um jornalista. "Como a formação de desenhos e arranjos tão belos no céu pode nos ajudar a compreender como nós existimos neste país, como agimos juntos, como todos nós podemos nos chamar de australianos. Compreender que todos nós temos nossas próprias ideiazinhas, que de alguma maneira podem se unir para formar algo maior."

Pensei comigo mesma: o que seriam revoadas humanas? Já que falamos em cantar em coro, uma revoada poderia ser a dos minúsculos Quem da Quemlândia, de *Horton e o mundo dos Quem!*, que descobrem que, se cada um deles levantar a voz, vão falar tão alto que vão conseguir salvar o seu lar. Uma revoada humana corresponde a 1,5 milhão de jovens em todo o mundo, em 15 de março de 2019, protestando contra as mudanças climáticas; coalizões lideradas por indígenas das Primeiras Nações, conseguindo deter a construção de um oleoduto no Canadá; são advogados e muitos outros que compareceram a aeroportos de todo o país, em 29 de janeiro de 2017, para protestar contra o decreto do presidente Trump proibindo a entrada de cidadãos de sete países de maioria muçulmana.

São as centenas de pessoas que foram a Victoria, na província canadense de British Columbia, para proteger uma mesquita durante as orações de sexta-feira, na semana seguinte ao tiroteio em Christchurch, Nova Zelândia. Minha prima Jessica foi uma delas, e escreveu contando que se sentiu profundamente comovida: "No final, quando as orações terminaram e os fiéis iam saindo da mesquita para a rua, parecia um casamento, uma comemoração de amor e alegria. Todos nós apertamos as mãos, nos abraçamos e falamos bondosamente uns com os outros — muçulmanos, judeus, cristãos, sikhs, budistas, ateus...". Não temos obras de arte que nos façam enxergar e valorizar essas revoadas humanas, mesmo quando estão à nossa volta, mesmo quando fazem o trabalho mais importante do planeta Terra.

Longa distância

O presente é, por definição comum, o instante entre o "ainda não" e o "já", um momento tão estreito e traiçoeiro quanto a corda bamba esticada para o acrobata. Mas também se poderia defini-lo como tudo o que é lembrado por aqueles que estão vivos no momento. Uma versão do "agora" termina quando a memória viva cede lugar a uma memória de segunda mão, ou aos registros históricos — quando morre o último veterano de uma guerra, ou um idioma perde seus últimos falantes. Enquanto essas testemunhas estiverem presentes, o agora é algo maior do que parece.

O que me leva a Mary Elizabeth Philips, que conheci em 2014, em seu 98º aniversário. Mulher animada e sociável, nasceu no Sul, mudou-se para San Francisco em 1937, perdeu o primeiro marido quando este foi morto no Pacífico Sul durante a Segunda Guerra, casou-se mais duas vezes e ficou viúva duas vezes. Havia trabalhado durante toda a sua vida, como contadora, vendedora de antiguidades e corretora de imóveis. Agora estava sendo ameaçada de despejo; uma financeira havia comprado o seu prédio e ia tentando esvaziá-lo, um inquilino de cada vez.

No dia do aniversário de Philips, amigos e ativistas da campanha pelo direito à moradia lotaram seu modesto apartamento, repleto de antiguidades orientais, fotos e pequenas anotações sobre onde ficam guardados os objetos domésticos e como funcionam. Sua vizinha, que escreveu as anotações, trabalhava numa escola pública e também estava ameaçada de despejo, havia me dito que ela gostava de morangos; assim, levei um bolo de morangos com merengue e várias velas, que não deram conta da quantidade de anos. Philips, seu cabelo como uma nuvem pairando sobre seu rosto alegre, estava sentada numa cadeira de bambu no meio da confusão, relembrando a cidade que conhecera antes da guerra, uma cidade que eu nunca visitarei, apesar de que resultou na cidade onde vivi a maior parte da vida (ou melhor, nas várias cidades onde eu habitei chamadas San Francisco, que são gerações sucessivas daquela).

Cada época tem seu próprio temperamento, e uma das alegrias de ouvir Mary Elizabeth foi a jovialidade e alegria com que ela falava. O estado de espírito que ela comunicou ao contar do seu passado — a impressão de que enfrentara tudo o que surgiu com coragem e bom humor — era em parte dela, mas em parte de toda a sua geração. Ela ria ao contar que dizia aos médicos que não precisava tomar vacina contra a varíola, pois havia sobrevivido à doença quando criança. Afirmava, despudoradamente, que encontrara Bonnie e Clyde numa estrada do Texas durante a Grande Depressão, e só os reconhecera depois, por uma foto no jornal. As cortinas de blecaute dos tempos da guerra, notou ela com prazer, eram verdes por dentro. Conheceu seu terceiro marido quando a cadeira dele desmoronou, numa festa; ele caiu no chão, deitado de costas, e ela se inclinou sobre ele e perguntou: "Você joga bridge?". Ele jogava.

Muitas vezes suas histórias se desviavam para caminhos variados, como se ela estivesse folheando as páginas de um álbum desordenado. Numa das minhas visitas posteriores, ela começou a me contar sobre seu hábito de ficar muito tempo em livrarias com suas amigas, quando de repente se lembrou de um determinado livro que havia emprestado a alguém décadas atrás e nunca mais recebera de volta. E, de memória, começou a discorrer sobre o tema do livro: Mary Ellen Pleasant, uma abolicionista e empreendedora negra do século XIX.

Pleasant foi uma figura extraordinária. Segundo consta, ela financiou o ataque de John Brown a Harpers Ferry e, após a Guerra Civil, lutou nos tribunais pela integração racial dos bondes de San Francisco. Foi uma empresária bem-sucedida numa época em que tanto sua raça como seu gênero normalmente a impediriam de desempenhar esse papel; e no final da vida se envolveu em escândalos com membros da elite branca, para quem atuava como mediadora e confidente.

Não surpreende que Pleasant tivesse que lutar contra muitos estereótipos. Quando era vista como uma empregada servil e obsequiosa para com os brancos, era chamada de "mammy"; quando vista como uma perigosa participante de casos amorosos e negócios financeiros dos brancos, era uma sinistra sacerdotisa do vudu. Embora Philips lembrasse dela como uma libertadora, o livro que havia lido era uma biografia de 1953 chamada *Mammy Pleasant*, aceitando os dois clichês. Já que Pleasant não era, como diz uma biografia mais recente, de Lynn M. Hudson, uma "frequentadora de clubes, nem tampouco uma escrava heroica, mãe mártir, esposa dedicada nem diaconisa da igreja", foi excluída do "cânone das heroínas negras aceitáveis". Em virtude da sua complexidade irredutível, da impossibilidade de classificá-la nas categorias comuns de bem e mal, acabou caindo no esquecimento.

Ao ouvir, em 2015, uma mulher nascida em 1916 exaltar uma mulher nascida em 1814, senti profundamente o longo alcance do presente. Pareceu-me, enquanto estava ali sentada, que a cidade onde nós duas habitávamos era um lugar cheio de gestos sobrepostos, de pessoas olhando para trás e passando alguma coisa para adiante, da coerência de uma paisagem histórica.

Se de início fiquei surpresa com a aparição de Pleasant numa história contada por uma senhora idosa sobre um livro que havia lido meio século atrás, logo percebi que o talento de Philips estava justamente em juntar os pedaços. Com certeza algo do presente iria sobreviver e ser amado quando também se tornasse o passado.

Já houve muitas interpretações do passado como uma era de ouro, alcançável apenas através de certas brutalidades contra uma população minoritária, certa reafirmação das velhas hierarquias. A exortação da campanha de Trump para "Make America Great Again" é apenas o mais espalhafatoso dos exemplos recentes. Um sentimentalismo tão repulsivo pode nos inspirar a não buscar novamente o passado. Mas é também um argumento em favor de um presente em que as pessoas não estejam tão desprovidas de histórias recentes a ponto de aceitar uma narrativa fictícia e simplificada do passado. É um argumento em favor de que haja mais consciência histórica, não menos.

Na década de 1990, o biólogo marinho Daniel Pauly popularizou a expressão "mudança nas linhas de base" para descrever a impossibilidade de avaliarmos com precisão o presente sem termos uma noção bem definida do passado. Uma linha de base é o ponto estável a partir do qual medimos as mudanças num sistema, antes que ele seja danificado ou drasticamente modificado — por exemplo, a data que marcava o degelo da primavera antes da era das mudanças climáticas; ou qual era a população total de uma determinada espécie animal antes de se tornar ameaçada. O cientista e cineasta Randy Olson expressa esse conceito da seguinte maneira:

Se conhecermos a linha de base de um ecossistema degradado, podemos trabalhar para restaurá-lo. Mas se a linha de base mudou antes de termos a chance de medi-la, podemos acabar aceitando um estado degradado como sendo normal — ou até mesmo como uma melhoria.

Esse princípio vai muito além da ecologia. Se a história e a memória intergeracional nos fornecem linhas de base sociais e políticas, a amnésia nos deixa vulneráveis para considerar o presente como algo inevitável, imutável ou simplesmente inexplicável. Existem força e possibilidade em lembrar que um boom econômico não dura para sempre, que campanhas como as travadas por Mary Ellen Pleasant podem modificar o destino de um povo ou mesmo de uma nação, que nossa maneira de pensar sobre raça, gênero, infância e idade é mutável, que qualquer pessoa com mais de alguns anos de idade já vivenciou transformações violentas. Até mesmo isso que consideramos o passado não é tão passado assim. Há conhecidos meus que, quando crianças, conheceram pessoas idosas nascidas no tempo da escravidão; elas me lembram que essa atrocidade não é tão remota, que não podemos ignorá-la.

A tragédia do despejo de Mary Elizabeth Philips foi a perseguição contra uma mulher idosa, frágil e excepcionalmente encantadora; mas ela está longe de ser a única quase centenária a ser forçada a abandonar sua casa; poetas, historiadores, instituições consagradas também estavam sendo despejados — um bar latino de drag queens, um boteco no centro da cidade que havia sobrevivido à Lei Seca, uma histórica livraria da comunidade negra, brechós que funcionavam havia muito tempo, servindo aos mais humildes. São substituídos por empresas que chegam a parecer intencionalmente sem raízes — empresas que promovem uma visão de futuro tão ensolarada que o passado se perde nas sombras. A Airbnb, sediada a cerca de dois quilômetros da casa de

Mary Elizabeth Phillips, vem oferecendo incentivos aos proprietários de imóveis e especuladores para pressionar os moradores fixos, seja de cidades grandes ou pequenas, assim como vilarejos e comunidades rurais pelo mundo afora, para substituí-los por transientes endinheirados, transformando em playgrounds áreas cada vez maiores das cidades, onde ninguém terá uma linha de base para saber como era o local no passado, e ninguém será responsável por proteger o que o local é hoje.

Medida em um espaço de tempo muito breve, a mudança se torna imperceptível; as pessoas confundem as peculiaridades de hoje com verdades eternas. A imagem que vem à mente é um mapa no celular. Ao tentar se orientar, vemos uma imagem pequena demais para mostrar os detalhes, ou então detalhes ampliados demais, que não dão o contexto — ou então você obedece cegamente às ordens ditadas por um algoritmo que decidiu tudo por você, e acaba ficando sem compreender exatamente onde está.

Quando morreu Emma Morano, aos 117 anos, a última pessoa com registros de ter nascido no século xix, liguei para meu amigo Sam Green, que está fazendo um documentário sobre as pessoas mais velhas do mundo, título que muda de detentor regularmente. Ele havia filmado diversas pessoas nascidas no século xix; mas a partir de agora todos os seus entrevistados serão filhos do século xx. Com a morte de Morano, o século em que ela viveu apenas alguns dias finalmente caiu no horizonte como o sol poente, e os últimos raios de um presente que vai desaparecendo se tornaram irrevogavelmente o passado.

O século de Sojourner Truth e Touro Sentado está agora totalmente fora de alcance como memória e experiência humana vivas, embora continue existindo à distância. Morano nasceu no mesmo ano que minha avó, falecida em 1981. Fats Domino tem a idade de minha mãe, ainda vive em Nova Orleans e continua cultivando suas tradições musicais. Sua avó, que fez seu parto, nasceu escrava, pouco antes de 1863, e viveu com ele na infância. A presença desses sobreviventes da escravidão até o século xx nos lembra que na era que chamamos de pré-guerra outra pré-guerra, o período anterior à Guerra Civil (*antebellum*), também estava presente. O passado vive. Ele amplia o presente; é como transformar uma corda bamba em uma ampla avenida, onde você caminha e passeia com mais estabilidade, com espaço para mais gente passar por você, indo e vindo.

Enquanto eu e Green conversávamos sobre os muitos usos do passado, ele me contou sobre um amigo, Chi-Hui Yang, estudioso e curador de cinema. Muitos séculos atrás, um ancestral de Chi-Hui Yang escreveu um "Poema das Gerações" — poema tradicional que oferece uma série de nomes a serem dados às sucessivas gerações de crianças da família, um conjunto de instruções para a posteridade. "Antes do nascimento do meu primeiro filho, escrevi uma carta pedindo ao meu pai [...] que escolhesse o nome da criança", começa ele, e em seguida passa a listar os nomes. David Spalding e seu marido, Li Jianhui, que traduziu o poema para mim, explicaram que seu significado é bem direto, estabelecendo o sistema da família. Os nomes em si, porém, não são tão simples: "Cada um é como um pequeno poema escrito nos caracteres antigos tradicionais, o que torna a tradução muito difícil".

A família de Yang percorreu essas linhas ao ritmo de um caractere por geração. Yang, que pertence à 28ª geração, compartilha seu nome geracional, Chi, com seus irmãos e numerosos primos. É como se o poema tivesse se tornado uma música para coral, pronunciada tão lentamente que leva um milênio para recitá-lo. Como se o poema fosse dito em voz alta através da vida de cada um dos que levam uma palavra do poema como seu nome;

como se ser um indivíduo fosse apenas ser um caractere de um poema — não o poema, nem o livro, nem a última palavra ou o primeiro lugar de qualquer coisa. Implica um senso de pertencimento que eu mal consigo imaginar — pertencer sem se confinar. Ao contrário do pedigree de alguém que conheço cuja família remonta à conquista normanda da Inglaterra, não se trata apenas de anunciar que pertence a um passado chique.

O poema é um documento vivo e, ao longo do caminho, foram introduzidas variações: o avô de Yang acrescentou algumas palavras e, depois de muitas gerações em que o poema foi passado apenas através dos filhos homens, os pais de Yang deram a uma filha o nome geracional. Mesmo assim, a tradição permaneceu intacta. Ela comunica uma poderosa ideia de história, do lugar que cada pessoa ocupa no tempo, e sugere um senso de pertencimento e localização que eu mal consigo imaginar. A família de Yang tinha a confiança de acreditar que podia embarcar num projeto que iria passar por oitenta gerações, acreditar que podiam colaborar com pessoas que ainda não tinham nascido, que a continuidade através de mudanças inimagináveis era possível. Hoje tenho idade suficiente para ser um repositório de informações sobre como as coisas eram antes: sei como era a vida antes do celular, do computador (para não falar em internet), antes da aids, antes do tratamento eficaz para a aids, antes da dissolução da União Soviética, e antes de uma série de vitórias do movimento feminista que mudaram a vida das mulheres, inclusive a minha. Pensar na grande diferença da vida no passado, ter consciência de que tudo muda sempre me pareceu algo libertador; saber que este momento também vai passar é libertador. Houve e haverá outras maneiras de ser um ser humano. Mas uma perda que não é uma evolução gradual, mas sim despejo e eliminação, não é libertadora, em absoluto.

A vitória de Mary Elizabeth Philips sobre os donos do seu apartamento acabou sendo um pouco amarga. Eles apostaram na sua expectativa de vida e a deixaram ficar, enquanto todos os outros inquilinos foram forçados a sair. Ela morreu no final de 2016, em sua casa, em segurança, porém sem vizinhos próximos, pouco depois do seu centésimo aniversário. E quando me correspondi pela última vez com Yang, ele e sua parceira estavam ponderando como incorporar o próximo caractere do poema ao nome da sua filha, nascida em 2017.

Recentemente visitei uma fileira de eucaliptos que Philips havia mencionado; eu me lembrava vagamente deles, pois ficam a uns dois quilômetros do lugar onde vivi durante trinta anos, mas eu nunca havia estado lá. Foram plantados por Mary Ellen Pleasant antes do seu falecimento, em 1904, em frente à mansão com telhado de mansarda onde ela vivia com uma família branca, com a qual suas relações pessoais e financeiras eram ambíguas, passando depois a antagônicas. As mudas de árvores já haviam criado raízes antes da chegada dos imigrantes japoneses à área, antes de a mansão ser substituída por um edifício de consultórios médicos, antes de os nipo-americanos serem mandados para campos de concentração e os afro-americanos fugindo do Sul tomarem o seu lugar, antes de a renovação urbana destruir aquele vibrante bairro negro e substituí-lo por uma via expressa e conjuntos habitacionais tipo caixotes; antes de tantas coisas.

Silenciosos e duradouros, os eucaliptos se estendiam desde a época de Pleasant até a minha. Sua longevidade parecia ampliar o presente, apresentar outras ideias sobre o que pode significar a duração de uma vida, aqui neste estado onde algumas árvores vivem milênios e nos museus há amostras circulares de troncos de sequoia que remontam a quase dois milênios. Podemos ver os eucaliptos de Pleasant numa foto da década de 1920, quando eram menores, com a forma da chama de uma vela, parecendo diminutos em relação à mansão logo atrás. Nove décadas depois, as cinco árvores sobreviventes têm enormes bases nodosas com mais de um metro de diâmetro, que levantam a calçada — tropecei numa delas e quase fui ao chão. Os troncos estão envoltos numa casca de cor creme e cinza, com lascas que vão descascando na diagonal. Bem lá em cima passou uma brisa, fazendo as folhas pontiagudas dos eucaliptos sussurrarem como seda.

Mudanças monumentais e o poder dos nomes

Na primavera de 2018, a cidade de Nova York retirou do Central Park uma estátua do médico J. Marion Sims, um ginecologista racista; no outono, a prefeitura anunciou que será erguida no Brooklyn uma estátua de Shirley Chisholm, candidata à presidência em 1972 e a primeira mulher negra a ser eleita para o Congresso. No dia 14 de setembro de 2018, antes do amanhecer, a cidade de San Francisco retirou um grupo estatuário muito odiado, mostrando um índio americano caído aos pés de dois espanhóis, um missionário e um vaqueiro. Em outubro, a cidade deu um novo nome a um terminal do Aeroporto Internacional de San Francisco, homenageando Harvey Milk, ativista pelos direitos dos gays. Em 7 de dezembro, a cidade fez festa: a antiga Phelan Avenue (nome ligado às violentas campanhas contra os chineses do final do século XIX) passou a se chamar Frida Kahlo Way. Estátuas de confederados vêm caindo em muitos estados: um grande monumento às vítimas de linchamentos foi erguido em Montgomery, Alabama; a cidade de Atlanta mudou o nome da Confederate Avenue; e este ano uma campanha privada concluiu a arrecadação de fundos para erguer em Chicago uma estátua de Ida B. Wells, jornalista e ativista pelos direitos civis, nascida escrava em 1862. Quando Baltimore derrubou quatro estátuas de líderes confederados, em 16 de agosto de 2017, a prefeitura deu à área o nome de Harriet Tubman Grove, literalmente mudando de lado na Guerra Civil: passou dos líderes pró-escravidão Thomas "Stonewall" Jackson e Robert E. Lee para a mais famosa defensora dos escravos, a heroína da "Ferrovia Subterrânea". Outra estátua de Tubman está sendo erguida em Auburn, estado de Nova York (a estátua de Tubman colocada no sul de Boston em 1999 foi o primeiro monumento dessa cidade a homenagear uma mulher). Dallas também removeu uma estátua do general Robert E. Lee, e Nova Orleans fez o mesmo em 2017, retirando ao todo quatro estátuas de líderes confederados, em meio a controvérsias e ameaças. Nunca na minha vida imaginei que iria ver o que vi na primavera seguinte, um espetáculo de tirar o fôlego: a coluna de dezoito metros no centro do Lee Circle, em Nova Orleans, sem ter no topo a estátua de cinco metros de altura do líder confederado. Algo profundo está mudando. As estátuas e os nomes não são, em si mesmos, direitos humanos ou acesso igual, tampouco um substituto para eles. Mas são partes cruciais do ambiente construído, que nos dizem quem é importante e quem será lembrado. Elas fornecem imagens concretas para a nossa imaginação e definem a percepção do passado que evocamos para definir qual futuro vamos escolher e quem desejamos valorizar e ouvir no presente. O fato de que tudo isso está mudando significa várias coisas. Saber quem se entende por "nós" é algo crucial para qualquer lugar, e um monumento que homenageia os pioneiros do faroeste ou assassinos de índios — como tantos que vemos no Oeste do país — classifica os índios nativos como intrusos e inimigos. Um lugar que homenageia apenas os homens define as mulheres como não sendo ninguém. Os colonizadores em geral começam dando um novo nome aos lugares aonde chegam, e a descolonização sempre inclui desfazer isso; os vencedores erguem estátuas para si mesmos e para a sua versão da história. Nosso cenário público em mutação não é a causa, mas sim o resultado de uma profunda transformação que está em andamento, desde o Alasca até a Flórida. Não é uma transformação suficiente, ampla nem completa — mas é um belo começo.

Costumamos falar desses símbolos como se seu maior impacto fosse sobre as pessoas que eles representam, como espelhos — digamos, que os principais beneficiários de uma escola chamada "Rosa Parks", homenagem à líder dos direitos civis, seriam as crianças negras, e em especial as meninas negras; mas essas representações também são importantes para os que não são negros nem mulheres. Quando vemos homens brancos enfurecidos e indignados por ter que dividir o palco com outras pessoas, estamos vendo as consequências da formação deles em um mundo centrado nos homens brancos. É ruim para eles também. Podemos considerar as mudanças que estão acontecendo com as praças públicas e os nomes de ruas como algo equivalente ao #MeToo e ao #BlackLivesMatter: trata-se de saber a voz de quem é ouvida, a vida de quem é valorizada.

No Canadá, a partir de 2014, foram instaladas placas comemorativas desenhadas por artistas nativos em antigas escolas onde alunos indígenas — ou, mais precisamente, prisioneiros — viviam em regime de internato, vítimas de abuso. Recentemente foram derrubadas, em todo o país, várias estátuas de John A. MacDonald, pois ele foi não só o fundador do Canadá como também uma figura proeminente na implantação de programas genocidas, como esses internatos para crianças indígenas. No Reino Unido, Londres ergueu a primeira estátua de uma mulher na Parliament Square, e Paris está considerando nomear mais estações de metrô em homenagem às mulheres (e já deu nome de Simone Veil, sobrevivente de Auschwitz e ministra da Saúde, à estação antes chamada Europe).

Já na Irlanda, Dublin é uma cidade que reescreveu seu passado com mais alegria, pois não comemora crimes nem derrotas, mas sim seu orgulho em libertar-se do colonialismo britânico. A cidade está cheia de monumentos aos heróis e a algumas heroínas da libertação do país e também da literatura, mas a transição nem sempre foi suave. Estátuas de reis e administradores coloniais ingleses já foram bombardeadas; uma rainha Vitória tamanho jumbo foi despejada do seu pedestal e acabou despachada para a Austrália. Em 1966, cinquenta anos após a Revolta da Páscoa que marcou a última luta pela independência do país, alguns cidadãos irlandeses, num ato que chamaram de "Operação Humpty Dumpty", explodiram a enorme estátua do almirante Nelson, postada sobre um pilar de 36 metros de altura — a *Coluna de Nelson*, que durante 157 anos dominou a O'Connell Street, a via central de Dublin.

A ampla avenida que durante um século e meio foi chamada a Sackville Street, nome de um administrador colonial, mudou de nome em 1924 em homenagem a Daniel O'Connell, conhecido como Emancipador ou Libertador da Irlanda. Estátuas de escritores estão por toda parte em Dublin, embora em geral sejam de homens. Curiosamente, é nas igrejas que as mulheres, como as santas e a Mãe de Deus, são mais comemoradas em nomes e imagens; e é por isso que uma exceção à masculinidade generalizada dos nomes de lugares na América do Norte é o nome das santas, em espanhol, como Santa Clara, Santa Rosa e Santa Barbara, na Califórnia, assim como os ventos de Santa Ana.

É fácil lembrar dos crimes dos outros em contraste com o heroísmo da nossa própria tribo. Contudo, nos últimos anos a Irlanda foi abalada por revelações sobre abuso sexual, institucional e clerical, de mulheres e crianças, o semiencarceramento de moças grávidas solteiras em locais de trabalho administrados por freiras e conventos, e a revelação do imenso sofrimento dessas vítimas, simplesmente apagadas da sociedade enquanto estavam vivas e também depois da morte. Em 2015 foi erguido no condado de Limerick um monumento às crianças vítimas de abuso num internato; já em Dublin, propostas semelhantes foram interrompidas, apesar de existir uma recomendação de que seja erguido um memorial, num relatório histórico de 2009, e meio milhão de euros já estão alocados para esse fim.

"O plano para construir um memorial no Garden of Remembrance [Jardim da Lembrança], na Parnell Square, no distrito de Dublin 1, foi recusado pela An Bord Pleanála em novembro de 2013, com o argumento de que teria um impacto adverso no cenário, no caráter e na função do memorial já existente, que homenageia os que morreram lutando pela liberdade da Irlanda", informou o *Irish Times*, levantando a questão de saber quais liberdades — e de quem — nós comemoramos.

Nos Estados Unidos, uma profunda mudança já é evidente nas alterações demográficas e na distribuição de poder. A bancada democrata no 115º Congresso (2017-19) era 39% não branca — ou seja, 1% a mais do que a população em geral —, embora 51% da população do país, composta de mulheres, ainda esteja extremamente sub-representada no Legislativo. A eleição de duas mulheres indígenas para o Congresso em 2018 nos lembrou o fato assombroso de que elas foram as primeiras. Contudo, não serão as últimas. E ficou óbvio que duas pessoas negras — Andrew Gillum, na Flórida, e Stacey Abrams, na Geórgia — teriam vencido suas respectivas eleições para o governo do estado se não tivesse havido intensos esforços para a exclusão de eleitores. O Partido Republicano, que já descartou voluntariamente os não brancos, com suas políticas de ressentimento da raça branca e racismo escancarado, agora está passando por uma fuga até das mulheres brancas: "Temos de resolver o problema das mulheres dos subúrbios de classe média, porque é um problema real", disse Lindsey Graham, preocupado, após as eleições de novembro de 2018. Novas vozes estão se elevando e ideias que apareceram nas margens estão assumindo seu lugar central. Há 21 jovens processando o governo federal devido às mudanças climáticas, num processo que deve continuar avançando, e uma garota sueca com então quinze anos foi uma das vozes mais incisivas na cúpula climática de 2018 na Polônia. As vitórias eleitorais de Alexandria Ocasio-Cortez foram uma das belas surpresas deste ano, e ela traz um entusiasmo para um "Green New Deal", que é, entre outras coisas, a capacidade de imaginar e adotar mudanças profundas (as quais, segundo uma pesquisa, têm o apoio de 80% da população). Embora a extrema direita tenha sua importância, a geração jovem, como um todo, tem posições mais progressistas quanto a questões de raça e orientação sexual; em 2018, uma pesquisa da Gallup sugeriu que os americanos de 18 a 29 anos preferem o socialismo ao capitalismo. Esse resultado "representa uma queda de doze pontos, em apenas dois anos, na opinião positiva dos jovens acerca do capitalismo".

O fato de que os Estados Unidos são um país branco e protestante era incontestável quando eu era adolescente. Mas tanto a branquitude quanto a religiosidade estão em declínio. O *New York Times* informou em 2012: "Pela primeira vez desde que os pesquisadores começaram a registrar a identidade religiosa dos americanos, menos da metade disse que era protestante — um declínio acentuado em relação a quarenta anos atrás, quando as igrejas protestantes contavam com a lealdade de mais de dois terços da população". Em dezembro de 2018, uma nova reportagem na *Newsweek* deixou bem evidente a profundidade da mudança: "A idade mediana dos evangélicos brancos é 55 anos. Apenas 10% dos americanos com menos de trinta anos se identificam como evangélicos brancos. O êxodo da juventude é tão rápido que os demógrafos agora preveem que até 2024 os evangélicos provavelmente deixarão de ser uma grande força política nas eleições presidenciais".

Isso faz parte do destino nada brilhante do Partido Republicano, a menos que este se transforme em algo totalmente diferente — o que o outro principal partido parece estar fazendo, menos por virtude interna do que pela chegada de novos participantes vindos de fora. Pois mesmo que a porcentagem de evangélicos brancos não estivesse diminuindo, a população não branca está aumentando e será majoritária em todo o país em pouco mais de 25 anos, como já acontece na Califórnia. Podemos ver nessas mudanças de nomes e nas novas ideias sobre quem e o que deve ser homenageado nos lugares públicos uma série de pequenas vitórias para uma visão mais inclusiva, mais igualitária, mesmo à sombra do regime de Trump — que, visto sob essa óptica, é apenas uma reação contra a inevitabilidade do fim de uma era, a era do domínio dos homens brancos protestantes. Nosso sistema eleitoral está repleto de vantagens incorporadas a favor deles. A influência desproporcional dos pequenos estados rurais, o Colégio Eleitoral, a distorção do traçado dos distritos eleitorais (*gerrymandering*) e a exclusão de milhares de eleitores impedem que essa nova América se expresse adequadamente nas eleições, embora a enorme onda democrata de novembro de 2019 tenha varrido muitos desses obstáculos; no entanto, essas mudanças locais, em ruas e praças, anunciam que quem nós somos agora já não corresponde a quem nós éramos antes.

Podemos ver a importância disso nas batalhas travadas por causa das estátuas dos líderes confederados. Vários estados do Sul aprovaram leis para protegê-las; contudo, este ano a cidade de Memphis, no Tennessee, encontrou uma maneira de contornar a lei e se livrar das estátuas de Jefferson Davis e de Nathan Bedford Forrest, fundador da Klu Klux Kan. Os protestos de rua dos brancos de Charlottesville em 2017 foram em parte impulsionados pelos planos de remover uma estátua de um líder confederado. "Vocês não vão nos substituir!", uivava a turba; mas nós vamos, sim, substituir as estátuas deles, e esses revoltados podem entrar na onda, ou então, como parece prometer o slogan de Trump, "Make America Great Again", tentar obrigar a história a voltar para trás. Podemos ver esses conflitos sobre a representação como uma batalha inacabada da Guerra Civil e talvez uma derrota, muito atrasada, para a confederação sulista.

Em Berkeley, uma escola primária com o nome de Joseph LeConte, escravocrata racista, agora homenageia Sylvia Mendez, heroína dos direitos civis; alguns anos antes o Sierra Club já havia mudado o nome de um abrigo no parque Yosemite, o LeConte Lodge (LeConte também foi pesquisador da Universidade de Berkeley e um dos fundadores do Sierra Club). No Colorado e em Montana, até os nomes das montanhas estão sendo repensados; no Alasca, o pico mais alto do país, o monte Denali, ganhou de volta seu nome indígena alguns anos atrás, depois de passar quase 120 anos homenageando o presidente McKinley; e uma estátua de McKinley foi derrubada no norte da Califórnia em protesto pelo seu racismo.

Assistir a essa extraordinária transformação da paisagem pública é perceber que o próprio terreno onde pisamos, as ruas por onde andamos e as pessoas que homenageamos estão mudando. Estamos assentando a base para um lugar diferente, para uma sociedade diferente e, apesar da fúria regressiva nos centros de poder, esse processo generalizado não dá sinais de parar tão cedo.

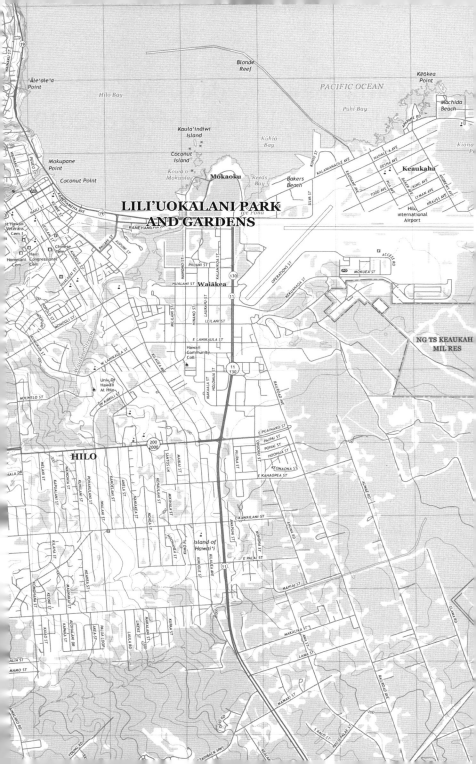

Carta aos jovens da Greve pelo Clima de 15 de março de 2019

Hoje quero dizer a todos os que estão fazendo greve pelo clima: muito obrigada por não serem razoáveis. Ou seja, se ser razoável significa seguir as regras, e presume-se que as regras sejam diretrizes para o que é possível e o que não é, então eles podem dizer a vocês que o que vocês estão pedindo é impossível ou irracional. Não ouçam. Não parem. Não deixem seus sonhos encolherem nem um centímetro sequer. Não esqueçam que este pode ser o dia crucial e o ano crucial em que vocês vão reescrever o que é possível.

O que os ativistas climáticos estão pedindo é uma mudança profunda em todos os nossos sistemas de energia, é deixar os combustíveis fósseis no subsolo, é tomar medidas adequadas à crise da mudança climática em escala planetária. E as regras que tantas vezes nos são lembradas por aqueles que não estão prontos para a mudança não são regras reais. Porque um dia, no verão passado, uma garota de quinze anos sentou-se numa escadaria para realizar uma greve climática solitária, e muitos adultos gostariam de dizer a vocês que as regras ditam que uma garota de quinze anos não pode aparecer assim do nada, sozinha, e mudar o mundo.

Mas a sueca Greta Thunberg já apareceu e já mudou.

Eles dirão a vocês que as regras ditam que aqueles que vemos no noticiário, nos parlamentos e nas salas de diretoria das empresas detêm todo o poder, e vocês devem ser bonzinhos com eles e quem sabe então eles lhes jogarão umas migalhas, ou lhes dirão que horas são, ou apenas lhes fecharão a porta na cara. Eles vão insistir que as coisas só podem mudar em acréscimos mínimos e por meios previsíveis. E eles estão errados. Há ocasiões em que vocês não precisam pedir permissão nenhuma, nem pedir nada, porque vocês detêm o poder e vocês mesmos decidem para que lado a porta vai se abrir. Nada é possível sem ação; e quase tudo é possível quando nos levantamos juntos, como vocês estão fazendo hoje. Escrevo esta carta a vocês com gratidão e entusiasmo, como alguém que já viveu quase seis décadas, tempo suficiente para ver mudanças extraordinárias. Ver o que fora declarado impossível acontecer, e acontecer de novo, seguidas vezes. Ver regimes serem derrubados quando pessoas comuns se levantam em ação direta e não violenta. Ver ampliações enormes nos direitos das pessoas, tanto nas leis como na imaginação. Ver ideias que antes eram novas e radicais acerca de raça, gênero e orientação sexual, acerca de justiça e igualdade, natureza e ecologia, tornarem-se ideias comuns, amplamente aceitas — e depois ver as pessoas se esquecerem de como a nossa mente também mudou, e quanto esse processo também é importante.

O mundo em que nasci não existe mais. Desde aquela época o papel das mulheres mudou de uma maneira extraordinária, em geral para melhor. O Império Soviético inteiro entrou em colapso de repente, há trinta anos, alguns anos depois que os países comunistas do Bloco Oriental se libertaram, através das ações de pessoas que, teoricamente, seriam impotentes para derrubar um regime apoiado por grandes forças militares e pela polícia secreta. Vi o apartheid cair na África do Sul e um condenado a prisão perpétua se tornar presidente do país. Nasci em um mundo onde ser gay, lésbica ou trans era crime, e vi essas leis e atitudes mudarem em vários estados, no meu país, os Estados Unidos, assim como em muitos outros países.

Vi a energia eólica e a solar, que eram tecnologias estranhas, ineficazes e caras apenas vinte anos antes, passarem a ser o meio que nos possibilita superar a era dos combustíveis fósseis. Vi surgir, ao longo da minha vida, uma linguagem que reconhece os sistemas ambientais da Terra, uma linguagem capaz de descrever como tudo está conectado e tudo tem consequências. Estudando o que a ciência nos ensina sobre a natureza e o que a história nos ensina sobre as forças sociais, percebi como são belos e como são poderosos os fios que nos unem. Eis aqui um fio: quem Greta Thunberg apontou como uma influência fundamental nas suas ações? Rosa Parks.

O fato de que uma mulher negra nascida em 1913 em Tuskegee, no Alabama, iria influenciar uma jovem branca nascida na Suécia noventa anos depois, levando-a a fazer uma ação direta acerca da mudança climática, nos lembra que tudo está conectado e que as ações de vocês são importantes, mesmo quando os resultados não são imediatos nem óbvios. A maneira como Rosa Parks rompeu as regras e viveu de acordo com seus ideais ainda importa, ainda tem poder, ainda tem influência, muito além do que ela poderia imaginar, ultrapassando sua história de vida, seu continente, sua área específica de ativismo.

As regras são as regras do óbvio, as suposições fáceis de que nós sabemos quem detém o poder, sabemos como acontece a mudança, sabemos o que é possível. Mas a verdadeira lição da história é que a mudança muitas vezes ocorre de uma maneira imprevisível; que o poder, de repente, pode estar nas mãos daqueles que surgem do nada, ou assim parece para nós. Eu não previ o surgimento de Thunberg, nem do Movimento Sunrise, nem da

Extinction Rebellion ou da Zero Hour. Fazer um bom trabalho é importante. Agir de acordo com seus ideais é importante. A importância nem sempre é óbvia, e o que uma ação consegue realizar nem sempre é algo imediato ou linear.

"Comecei a pensar em candidatar-me ao Congresso, na verdade, em Standing Rock, na Dakota do Norte", disse Alexandria Ocasio-Cortez, logo depois da sua surpreendente vitória em 2018, quando se tornou a mais jovem mulher já eleita para o Congresso, aos 29 anos. "Foi realmente a partir desse pedacinho de ativismo (dos indígenas), onde vi gente arriscando a vida [...] em prol de pessoas que eles nunca viram, nunca conheceram. Quando vi tudo isso, compreendi que eu tinha que fazer algo mais."

Em 2016, quando LaDonna Brave Bull Allard e outros líderes nativos iniciaram os acampamentos de protesto contra o oleoduto Dakota Access, não podiam imaginar as consequências indiretas das suas ações — inclusive levar uma jovem de Nova York a se candidatar a deputada. Hoje, Ocasio-Cortez representa o 14º distrito de Nova York no Congresso, e mais de noventa congressistas apoiam o Green New Deal que ela começou a promover após a sua vitória nas primárias, no verão de 2018.

O Movimento Sunrise se engajou na conscientização e também no apoio ao Green New Deal. Fundado em 2017, o Sunrise é liderado por jovens e visa "frear a mudança climática e criar milhões de bons empregos nesse processo". Como disse Varshini Prakash, um dos fundadores do movimento, em entrevista ao Huffington Post, o Sunrise está tentando "ativar os milhões de americanos que estão prontos para lutar por um Green New Deal ambientalista, mas ainda não ouviram falar nele". Para mim, a aparição repentina desse movimento na política nacional foi ainda mais surpreendente e emocionante do que a repentina ascensão de Ocasio-Cortez à notoriedade. Nunca se sabe.

O que vejo ao meu redor é o que chamo de momento climático: pessoas desde a Nova Zelândia até a Noruega intensificando sua reação às mudanças climáticas. Vejo gente bloqueando os oleodutos no Canadá e nos Estados Unidos; vejo investidores abandonando o fraturamento hidráulico e o carvão; vejo universidades e fundos de pensão retirando seus investimentos dos combustíveis fósseis; vejo usinas solares e turbinas eólicas funcionando no mundo todo, e engenheiros trabalhando para tornar essas tecnologias mais eficientes e mais baratas; vejo processos legais contra empresas de petróleo e carvão; vejo políticos, editores de jornais, empresários e outros que têm poder segundo as regras usuais se unindo a essas iniciativas, de uma maneira como nunca fizeram. Há tanta coisa acontecendo, de tantas maneiras, em resposta ao maior desastre que nossa espécie já enfrentou.

Isso tudo ainda não basta, mas é um sinal de que mais e mais pessoas estão enfrentando a realidade da catástrofe e fazendo alguma coisa a respeito. Não sei o que vai acontecer, porque o que vai acontecer é aquilo que nós fazemos acontecer. É por isso que hoje está havendo uma greve pelo clima.

E é por isso que comecei a dizer: Não pergunte o que vai acontecer. Seja, você mesmo, aquilo que acontece.

Hoje vocês são o que está acontecendo. Hoje o poder que vocês têm será sentido. Hoje sua ação é importante. Hoje, nas suas ações individuais, vocês podem estar lado a lado com algumas pessoas ou com centenas, mas estão com bilhões no mundo todo. Hoje vocês estão defendendo pessoas que ainda não nasceram, e esses bilhões, ainda fantasmagóricos, também estão com vocês. Hoje vocês são a força da possibilidade que atravessa o presente como um rio atravessa o deserto.

Com amor,
Rebecca

Agradecimentos

Este livro é, de certa forma, uma transcrição da minha versão de algumas conversas com a sociedade ao meu redor, que passa por transformações tumultuosas e cujos agentes de mudança estão ganhando algumas batalhas importantes contra as forças que tentam proteger as facetas mais perversas do status quo, que mesmo assim desmorona. É um livro originado das atividades sísmicas do feminismo, da justiça racial, do ativismo climático e de outros movimentos por direitos humanos, que estão mudando publicamente a paisagem — inclusive nomes de ruas — e quebrando antigas estruturas.

A resistência merece os primeiros agradecimentos. Obrigada, feminismo; obrigada, ativistas pelos direitos dos imigrantes; obrigada, cultura queer; obrigada, Black Lives Matter e pessoas que vigiam a atuação da polícia e que se engajam em processos judiciais em favor dos vulneráveis; obrigada, manifestantes que estão nas ruas e que resistem em ocupações e que fizeram com que 2018 representasse uma onda azul que levou um número sem precedentes de mulheres não brancas ao Congresso; obrigada, militantes pelo direito ao voto; obrigada aos inúmeros jornalistas, repórteres, editores e articulistas cujo trabalho me mantém informada; obrigada por defenderem com seriedade os fatos. Obrigada, ativistas da mudança climática — como sempre, 350.org, Oil Change Internacional (de cujo conselho orgulhosamente faço parte), Sunrise Moviment, Greta Thunberg, bloqueadores dos oleodutos indígenas, Standing Rock, Green New Deal, os inúmeros ativistas locais e suas ações, de Jen Castle e Blake Spalding do Hell'a Backbone Grill, que lutam contra o governo Trump em Utah, às pessoas que estão procurando todos os oleodutos e pressionando por bons projetos de lei e aparecendo no noticiário.

E obrigada aos editores com quem trabalhei em muitos destes artigos, em especial a Amana Fontanella-Khan e Charlotte Northedge do *Guardian* (e, da equipe delas, Katherine Viner). Johnny Diamond e John Freeman do Lithub; Emily Cook e Katia Bachko, minhas últimas editoras na *Harper's*; Chris Beha, que anos atrás me tornou a primeira mulher a escrever regularmente para a coluna "Easy Chair" (que existe desde 1851). Também a Niels Hooper, da University of California Press, que publicou originalmente "Cidade das mulheres" no atlas de Nova York de 2016, e a Michelle White, da De Menil Collection, que me convidou para escrever sobre Mona Hatoum no ensaio reproduzido aqui.

Muito obrigada a Haymarket, cuja equipe — Anthony Arnove, Caroline Luft, Jesus Ramos, Jim Plank, Rachel Cohen — me deu tantas alegrias em mais este trabalho juntos: este é meu sexto livro com esse time pequeno porém poderoso e idealista. Obrigada a Frances Coady, meu agente.

Agradeço a Erica Chenoweth e L.A. Kauffmann, cujas análises do momento atual têm sido particularmente valiosas para mim; a Taj James, por nunca perder de vista a poesia na política; a Jaime Cortez, por me manter com fé; a Sam Green, pelo ânimo; a Ocean Vuong, por me lembrar de que cada palavra importa; a

Elena Acevedo e Daglia Lithwick, pela perspectiva e pela iniciativa; a Conchita Lozano e sua família, pelos muitos protestos nas ruas de San Francisco; a Chi-Hui Yang, por confiar a mim sua linda história, e a David Spalding e Li Jianhui, por traduzi-la; a Mary Elizabeth Philips, por acreditar. Às pessoas que estão mudando o mundo, da crise climática aos nomes de ruas e escolas, aos que estão cunhando os novos termos que nos levam a descrever coisas novas de novas formas; a Kimberlé Crenshaw, por "intersecional", que na minha imaginação geográfica sempre me remete a interseções de ruas de uma cidade; a Daniel Pauly, por "mudando as bases"; e a Chip Ward, cuja terminologia "a tirania do quantificável" eu cito bastante.

E aos jovens, que me dão esperança, e aos muito jovens, que me dão alegria.

Permissões

Versões anteriores destes artigos figuraram nas seguintes publicações:

"De quem é esta história (e de quem é o país)?" saiu como "Whose Story (and Country) Is This?" no Literary Hub, 18 abr. 2018.

"Ninguém sabe" saiu como "Nobody Knows" no número de mar. 2018 da *Harper's*.

"Eles acham que podem fazer bullying contra a verdade" saiu como "They Think They Can Bully the Truth" no Literary Hub, 17 jul. 2018.

"O preconceito inconsciente é candidato à presidência" saiu como "Unconscious Bias Is Running for President" no Literary Hub, 30 abr. 2019.

"A exclusão dos eleitores começa em casa" saiu como "Voter Suppression Begins at Home" no *Guardian*, 19 nov. 2018.

"As mentiras se tornam leis" saiu como "Lies Become Laws" no *Guardian*, 3 jun. 2019.

"A notícia da queda dos homens foi muito exagerada" saiu como

"The Fall of Men Has Been Greatly Exaggerated" no Literary Hub, 17 set. 2018.

"Prezada Christine Blasey Ford, seu depoimento é um terremoto muito bem-vindo" saiu como "Dear Christine Blasey Ford: You Are a Welcome Earthquake" no *Guardian*, 1 out. 2018.

"Que nunca mais cesse esse dilúvio de histórias de mulheres" saiu como "Let This Flood of Women's Stories Never Cease" no Literary Hub, 14 nov. 2017.

"O problema do sexo é o capitalismo" saiu como "The Problem with Sex Is Capitalism" no *Guardian*, 12 maio 2018.

"Sobre o trabalho das mulheres e o mito do 'monstro da arte'" saiu como "Women's Work and the Myth of the Art Monster" no Literary Hub, 12 dez. 2017.

"Toda a raiva" saiu como "All the Rage" na *New Republic*, 24 set. 2018.

"Se eu fosse homem" saiu como "If I Were a Man" no *Guardian*, 26 ago. 2017.

"Cidade das mulheres" saiu como "City of Women" e sua publicação é uma cortesia de University of California Press.

"Travessia" saiu como "Crossing Over" em *Mona Hatoum: Terra Infirma* (Houston: Menil Collection; Yale University Press, 2017).

"Longa distância" saiu como "Now and Then" no número de set. 2017 da *Harper's*.

"Mudanças monumentais e o poder dos nomes" saiu como "Monumental Change and the Power of Names" no Literary Hub, 26 set. 2018.

"Carta aos jovens da Greve pelo Clima de 15 de março de 2019" saiu como "Letter to the March 15, 2019, Climate Strikers" no *Guardian*, 15 mar. 2019.

ESTA OBRA FOI COMPOSTA PELA SPRESS EM MINION E IMPRESSA EM OFSETE
PELA GRÁFICA SANTA MARTA SOBRE PAPEL PÓLEN SOFT DA SUZANO S.A.
PARA A EDITORA SCHWARCZ EM AGOSTO DE 2020

A marca FSC® é a garantia de que a madeira utilizada na fabricação do papel deste livro provém de florestas que foram gerenciadas de maneira ambientalmente correta, socialmente justa e economicamente viável, além de outras fontes de origem controlada.